Iphis et Iante

Une comédie basée sur
les *Métamorphoses* d'Ovide

ISAAC DE BENSERADE

Iphis et Iante

Une comédie basée sur les *Métamorphoses* d'Ovide

EDITED BY

Marianne Legault
and Ramine Adl

The Modern Language Association of America
New York 2025

85 Broad Street, New York, New York 10004
www.mla.org

To order MLA publications, visit www.mla.org/books. For wholesale and international orders, see www.mla.org/bookstore-orders. The EU-based Responsible Person for MLA products is the Mare Nostrum Group, which can be reached at gpsr@mare-nostrum.co.uk or the Mare Nostrum Group BV, Mauritskade 21D, 1091 GC Amsterdam, Netherlands. For a copy of the MLA's risk assessment document, write to scholcomm@mla.org.

Cover illustration: Raphaël Arnaud. Photograph of performance of *Iphis et Iante*, directed by Jean-Pierre Vincent, Théâtre du Gymnase, Marseille, 2013.

Cover description: The cover of this book features a photo from a performance of the play. The photo shows the two main characters on a bed, their faces close together as if they are about to kiss.

Texts and Translations 47
ISSN 1079-252X

Library of Congress Cataloging-in-Publication Data

Names: Benserade, Isaac de, 1613-1691, author. | Legault, Marianne, editor. | Adl, Ramine, editor. | Ovid, 43 B.C.-17 A.D. or 18 A.D. Metamorphoses.
Title: Iphis et Iante : une comédie basée sur les Métamorphoses d'Ovide / Isaac de Benserade edited by Marianne Legault and Ramine Adl.
Description: New York : The Modern Language Association of America, 2025.
Series: Texts and translations, 1079-252X ; 47 | Includes bibliographical references.
Identifiers: LCCN 2025007104 (print) | LCCN 2025007105 (ebook) | ISBN 9781603296977 (paperback) | ISBN 9781603296984 (EPUB)
Subjects: LCGFT: Comedy plays. | Lesbian drama.
Classification: LCC PQ1715 .A67 2025 (print) | LCC PQ1715 (ebook) | DDC 842/.4—dc23/eng/20250402
LC record available at https://lccn.loc.gov/2025007104
LC ebook record available at https://lccn.loc.gov/2025007105

Contents

Introduction

The story of a young man deeply in love with the woman he longs to marry has been a recurring motif in Western literature for centuries. Early modern French comedy is no exception: after all, what is a French comedy in the seventeenth century but a plot centered on an attempt to remove obstacles that prevent two young lovers from finding their happily-ever-after ending? Take, for example, Molière, acknowledged as one of the most masterful playwrights of French classical comedies. In many of Molière's plays a young couple's future happiness is threatened by an unreasonable father or guardian who puts his own desire (usually for money or elevated social status) above his children's happiness.[1] The plot will then focus on how to circumvent this irrational authority figure and bring about the long-awaited union of the two lovers. For, in the end, after all the commotion, a comedy must conclude with a marriage celebration and a return to familial and therefore social harmony. Such is the fabric of classical comedies in France during the second half of the seventeenth century, when the genre had reached its peak in popularity.

In the first half of the century, however, playwrights had more creative and literary freedom under the period's baroque aesthetic before the genre of the comedy became dictated by the classical rules of the three unities of time, place, and action (the story must take place within the span of a day, have one location, and have only one plot), and also by the notions of *vraisemblance* ("what should be believable") and *bienséance* ("decorum"). A baroque comedy could thus be allowed to explore all avenues, invite all possibilities, and offer spectacular and unanticipated solutions to its plot: the famous deus ex machina ("the god from the machine"; an ancient Greek and Roman dramatic term indicating when a god is suddenly introduced to resolve a plot that seemed otherwise unsolvable), to the delight of the spectators. While the story of the two young lovers' struggles and eventual union was still the very essence of French comedies during the baroque period, Isaac de Benserade's 1634 play, *Iphis et Iante (Iphis and Iante)*, featured the absolute unexpected: a central love relationship between two young women, a plot that Benserade offered to an eager audience at the Hôtel de Bourgogne's theater in the heart of Paris.[2]

Born in Normandy in 1612 or 1613,[3] Benserade began his studies in philosophy. He left his scholarly pursuits in 1636 at the age of twenty-three after falling in love with a beautiful actress, Nicole Gassot, the wife of the well-known director Pierre Le Messier, known as Bellerose (Pawlowski 2), ultimately writing for her his first tragedy, *Cléopâtre*, which turned out to be his first real success. He dedicated this first published play to Cardinal Richelieu, a famous patron of the arts and an influential figure at the court of both Louis XIII and his son, the future king, Louis XIV. In recognition of his dedication and talent, Benserade obtained a regular pension from the cardinal until Richelieu's death in 1643. Although Benserade wrote a series of plays[4] under the cardinal's patronage, it is primarily his poetry and numerous ballets written between 1647 and 1680 that brought him recognition and acclaim. Encouraged by the cardinal's support, Benserade became a regular courtier at the court of Louis XIV. He collaborated on many ballets with the Italian-born French baroque composer Jean-Baptiste Lully, a favorite composer of

Louis XIV who wrote the music for most of the royal festivities and operas. The king was particularly fond of Benserade's ballets; in fact, Benserade is believed to have written the first ballet in which the young king appeared as a dancer, *Ballet de Cassandre* (*Cassandra*). Only thirteen years old at the time and dressed in a magnificent golden costume, the young Louis would come to be known thereafter as "le Roi soleil" ("the Sun King"; Duncan Jones 73–74). In the years that followed, Benserade went on to write many ballets in which the king took center stage, to the delight of courtiers.[5]

A familiar presence at the court of Louis XIV, Benserade was also a frequent visitor in elite *salons précieux* in Paris, such as the Chambre Bleue d'Arthénice ("Blue Room of Arthénice") where some of the most renowned poets and novelists gathered to exchange, discuss, and criticize one another's work, often still in progress.[6] It was in the famous Chambre Bleue, for instance, that he and the poet Vincent Voiture often enjoyed a friendly rivalry around newly created *précieux* stanzas in front of their peers. The *précieux* movement, born at the beginning of the seventeenth century and active until the mid-1660s, was designed to reform and refine the language and the social mores of French courtly and aristocratic societies.[7] To that end, *préciosité* encouraged the production and criticism of French literature and the pursuit of intellectuality, particularly when it came to women. Indeed, in the peak years of *préciosité* (1640–50), the social and intellectual status of women in the salons became greatly elevated because women were suddenly propelled into the role of being the ultimate judges of good taste, manners, and literary production. For a short time, women enjoyed an unusual intellectual and social power in these micro, elite communities hosted by writers such as Marie-Madeleine Pioche de la Vergne, known as Madame de La Fayette, and Madeleine de Scudéry (Beasley 41).[8]

It is within the context of the *précieux* movement—its preoccupation with love, its focus on women, and its quest for a more refined language—that Benserade's *Iphis and Iante* was written. The play combines *précieux* style (refinement and elegance) and baroque aesthetic, which often displays themes of illusion, disguise, humor, and misunderstanding as well as a taste for the spectacular, all of which are prominent in Benserade's comedy featuring a young woman who lives as a man.[9] Also important for Benserade's play is the notion of literary license, which is at the very core of baroque literary aesthetic but would later give way to the more sober and rigid classical taste of the second half of the century. The relative freedom afforded by the baroque years allowed the overt display onstage of physical love between two women in *Iphis and Iante.*

But how could a playwright safely portray same-sex love in 1634 without risking public disapproval or even his career? Spectators were likely to have been very familiar with the story of Iphis.[10] Indeed, Benserade recreates the plot laid out in the ninth book of the *Metamorphoses* by the Roman poet Ovid: from the day Iphis is born, her mother dresses her and raises her as a boy in order to save Iphis's life. Not wanting any financial burden associated with having a daughter, Iphis's father had made his wife promise him that she would kill the child at birth if it were a girl. Following those fatal instructions, however, Iphis's mother received assurance from the Egyptian goddess Isis that all would end well and that she should let the newborn infant live. Consequentially, the mother decides to trust in Isis.[11] Years later, Iphis falls in love with a young woman, Iante, and their families decide that it is time to marry the two young lovers. No one but the mother knows that Iphis is a young woman, and as the day of the wedding draws near, Iphis begins to feel tormented and ashamed of her "monstrous passion"; she eventually begs the gods to rescue her from her "senseless, stupid passion" (Ovid 163).

At the last moment, Isis appears and transforms Iphis into a young man. The transformation leaves no doubt of her sex, as emphasized in Ovid's description of her suddenly walking with "longer strides than she usually did, her face was not as fair, she seemed stronger, her features were sharper, her hair was shorter and uncombed, and she had more vigor than a female usually does" (264). Following Iphis's metamorphosis and a return to so-called "natural" law, the wedding can take place. Such is the well-known plot of *Iphis and Iante* that awaited the Parisian audience of 1634.

Little is known about the public's reception of this bold play when it was first performed in April 1634. According to a none-too-modest Benserade himself, it "[n]'a point paru tout à fait désagréable" ("it didn't appear to be at all unpleasant"; Pawlowski 2; our trans.) for the public. We also know, from the well-known seventeenth-century religious figure and scholar Paul Tallemant, that Benserade's comedy had relatively good success (Verdier 18). Despite what seems to have been a rather notable first attempt at a comedy, there is limited documentation about the play's reception. All that remains are the notes of the Hôtel de Bourgogne's stage designer, Laurent Mahelot,[12] who details the decor of the comedy in his memoirs:

> Au milieu du théâtre, il faut un temple fort superbe enrichy de tout ce que l'on peu. Au dessus du théâtre, une nue où est la déesse, et, dans le temple, parest le tableau de la déesse. Il faut, à costé du théâtre, une belle salle élevée, frise, ballustres et portique tappicer ; une table, un tapy, des chandeliers, deux sièges. Il faut un poignard, un tonnerre au mitan du cinquiesme acte. L'autre costé du théâtre à la fantaisie du feinteur. Le temple est fermé jusqu'au cinquiesme acte et s'ouvre au milieu de l'acte. Il faut une barbe pour la métamorphose, qui se colle au menton ; plus, une couronne

> d'épics, un croissant et un sceptre pour la déesse Isis, et c'est tout. (Mahelot and Laurent 36)
>
> In the center of the stage, there must be a most magnificent temple, richly adorned with all that can be found. Suspended above, a cloud where the goddess is and, in the temple, a portrait of the goddess is displayed. To the side of the stage there must be a beautiful raised room, a border, balusters, and a decorated portico; a table, a rug, candleholders, two seats. A dagger is needed, thunder in the middle of the fifth act. The other side of the stage is left to the decorator's fancy. The temple remains closed until the fifth act and opens in the middle of the act. A beard, which sticks to the chin, is needed for the metamorphosis; also, a crown of thorns, a crescent and a scepter for the goddess Isis, and that is all. (our trans.)

In addition to Mahelot's account, we know that the stage would have been lit by a row of candles and chandeliers laid out on the floor, according to the scenic practice at the time. Nothing is known about the specific actors who featured in Benserade's comedy. However, women were allowed to act in early modern French dramas, including in comedies, unlike in Shakespeare's plays. Furthermore, it is important to note that throughout the play, Iphis never sees herself as a man. We can therefore reasonably deduce that the role of the young woman Iphis most likely was played by a woman, thus staying true to the play's central plot: the experience of a young woman in love with someone of the same sex.

Benserade makes significant changes to the original Ovidian story that affect the ways in which the passion between the two women is represented onstage. First, he ages the character of Iphis so that she is no longer an adolescent girl but a young woman of twenty (Biet 68). This maturity allows

Benserade to fully explore the erotic passion and sexual attraction of Iphis for Iante, as we witness when Iphis tells her mother about her desires—"Ainsi que sa beauté, mes feux sont infinis" ("Her beauty is infinite, as is my burning fire"; 1.2)[13]—and also when she confides in her friend Ergaste the seductive power that Iante holds over her senses: "Sa beauté me ravit" ("Her beauty delights me"; 2.5). Secondly, in Benserade, the metamorphosis of Iphis into a man occurs the day *after* her wedding to Iante and not before, as is the case in Ovid's plot. These two changes provide an important variation in the representation of erotic love between the two women, one that not only reveals the possibility of such love but also explores its emotional and sexual dimensions. Indeed, and unexpectedly, Benserade's narrative openly displays the depths of Iphis's erotic desire for Iante, as seen in act 5 when Iphis relates to her mother the passion and the pleasure she felt during their wedding night: "J'embrassais ce beau corps dont la blancheur extrême / M'excitait à lui faire une place en moi-même. / Je touchais, je baisais, j'avais le cœur content" ("I embraced her beautiful body whose extreme whiteness / Aroused me to make room for her within myself. / I touched; I kissed; my heart was happy"; 5.4). Clearly, the playwright does not shy away from representing the young woman's erotic bliss. Through Iphis's description of consummating the wedding night, Benserade offers the first representation of lesbian love in the history of French comedy. Although Ovid recognizes Sapphic love in his *Metamorphoses*, it appears only through the lens of the shame and denaturalization felt by Iphis. Thus, despite conceiving of the possibility of same-sex love between women, Ovid gives his female lovers no avenue of expression and no freedom to physically experience their love. In Ovid, Iphis's passion for Iante is limited to being a tragic affair, a stark contrast to Benserade's comedy.

The theme of same-sex love in Benserade's play is not restricted to women. In a third modification of Ovid's plot, the playwright also introduces the concept of male homoerotic desire through the addition of three new characters: the bachelor Ergaste, who is in love with Iphis; Nise, Ergaste's confidant and friend; and Mérinte, Nise's sister, who in turn loves Ergaste. Benserade uses these characters to develop a secondary homosexual love plot. Within this subplot, while Ergaste knows of Iphis's real sexual identity, no one else in the play does, including Nise and Mérinte. Consequently, when Nise suggests a marriage between Ergaste and his sister Mérinte, Ergaste flatly refuses and instead divulges his love for Iphis to his friend: "Tu vois que j'aime Iphis autant qu'on peut aimer / . . . / Je le tiens préférable aux plus belles du monde" ("You see that I love Iphis as much as one can love / . . . / I think him preferable to the world's most beautiful women"; 2.2). This is the first of many confessions of love that he professes. Henceforth, when Ergaste pines openly for Iphis, the play's other characters are left wondering about his state of mind, given that it appears to them that he is attracted to a man. All the characters, with the exception of Iphis, her mother, and Ergaste himself, thus see the love-struck Ergaste and his obsession with Iphis as a sign of folly, which of course enhances the comic elements of the play.

Finally, Benserade's portrayal of the love between Iphis and Iante is not only groundbreaking for the time, it is also relatively compassionate when compared to Ovid's, insofar as their love is fully reciprocated. Indeed, Iante's love for Iphis does not diminish even after the revelation on the wedding night in the last act: "Ce mariage est doux ; j'y trouve assez d'appâts / Et si l'on n'en riait, je ne m'en plaindrais pas" ("This marriage is sweet, I find it attractive enough / And if people did not laugh, I would not complain"; (5.1). Iante is thus not put off by the discovery of Iphis's sex, and, rather than being outraged at Iphis's trickery, she simply worries about the social embarrassment such a union would bring. In contrast to the positive portrayal of Iphis and Iante's love, heterosexual relationships are portrayed as either unrequited—the young Mérinte loves Ergaste, who, in turn, pines only for Iphis, who loves Iante—or extremely problematic: Ligde, the cruel husband, who orders his wife to murder their newborn child. The celebration of love, a recurring theme in comedies, is given an ideal representation in this play by the lesbian couple. Although avant-garde, this staging of lesbian love could only take place within the fabric of the baroque comedy, especially given that lesbians had been represented as threatening in France since the Renaissance.

These major modifications of the original Ovidian plot enabled Benserade to stage same-sex love, and especially lesbian love, which remains front and center in his play. This is an innovative endeavor in the history of early modern French literature. Readers might question to what extent we can speak of the modern concepts of sexual identity and lesbian love as they pertain to seventeenth-century France. Many historians and literary critics have argued that the term and the representations of its practice do not circulate in French literature until the eighteenth century.[14] However, a closer look into dictionaries and treatises of early modern France tells a different story.[15] Same-sex love between women remained without a specific name in France for a long time. To speak of sexual relationships between women, the Middle Ages used the term "péché de luxure" ("sin of debauchery"; our trans.), which largely encompassed any sexual pleasure enjoyed outside the bonds of marriage (Bonnet 34). It was not until the second half of the Renaissance that a woman engaging in same-sex relationships obtained a distinct name: *la tribade*. By that time, female same-sex relations had acquired a threatening dimension.[16] The term *tribade* appears for the first time in

France in Henri Estienne's 1566 treatise, *Introduction au traité de la conformité des merveilles anciennes avec les modernes* (*Introduction to the Treatise on the Conformity between Ancient Wonders and Modern Ones*), and more specifically in the chapter "Du péché de sodomie et du péché contre nature en nostre temps" ("On the sin of sodomy and on sinning against nature in our times"; Bonnet 29). In this definition, the tribade is guilty of "meschanceté" ("maliciousness"; our trans.; Bonnet 31)—that is to say, of dressing up as a man and of penetration, a crime punishable by death by fire. The real offense according to Estienne is not that the tribade has loved another woman but that she has loved her while in a masculine disguise and that she has appropriated the phallus by imitating the function of a man.[17] Estienne's understanding of a tribade is thus a "vilaine" ("wicked woman"; our trans.) worthy of her deadly punishment. In the seventeenth century, Pierre de Bourdeille, seigneur de Brantôme, continues this representation of the male-imitating tribade in his *Vies des dames galantes* (*Lives of Gallant Ladies*):[18]

> On dit que Sapho de Lesbos a esté fort bonne maitresse en ce mestier, voire, dit-on, qu'elle l'a inventé, et que depuis les dames lesbiennes l'ont imitée en cela et continué jusques aujourd'huy . . . telles femmes sont les femmes de Lesbos, qui ne veulent pas souffrir les hommes, mais s'approchent des autres femmes ainsi que les hommes eux-mesmes. (121)
>
> It is said that Sapho of Lesbos was a mighty mistress of this occupation, even, it is said, that she invented it, and that since then, lesbian ladies have imitated her and continue to do so until today . . . such women are the women of Lesbos, who do not want to be near men, but who go near other women just as men themselves do. (our trans.)

In addition to the familiar motif of the female lover imitating a man, Brantôme's use of the term "lesbian" enables our inclusion of it in the introduction despite the play's early modern context.

What is striking about Benserade's depiction of Iphis is that she is kind, gentle, and sweet—in other words, completely unthreatening. At no point does Iphis attempt to confer upon herself phallic, and therefore threatening, behaviors, in contrast to the definition of lesbian according to Brantôme. Not only is Iphis not represented as virile, on the contrary, she is portrayed as an incomplete being because she lacks a phallus; Iphis laments her shortcomings in making Iante her wife throughout the play, that is, her inability to consummate heterosexual sex.

This emphasis on Iphis's lack of a phallus is key to the comedic aspect of the play: the emotional dissociation between Iphis, who is preoccupied with her pain or obsession, and the audience, who sees that preoccupation as foolish. From the beginning to the end of the play, Iphis's incompleteness as a lover drives the plot. Whether lamented by Iphis's mother, Télétuze, or by Iphis herself, her inability to complete "les fonctions d'un homme" ("the duties of a man"; 1.1) is constantly highlighted.[19] As the wedding night approaches, Iphis attempts to disclose the truth to Iante in terms that clearly reveal her feelings of inadequacy. She sees herself as "incapable" ("unfit") and "imparfait" ("imperfect"; 2.3). Iphis's obsession with her own lack of phallus culminates on the night of the wedding in a long soliloquy that highlights the deficiency in her passion for Iante: "Quoi! Je m'endormirais auprès de cette belle / Et je ne ferais pas l'impossible pour elle ? / Je serais inutile en un si digne emploi ?" ("What! I would fall asleep next to this beauty / And would not do the impossible for her? / I would be useless in such a worthy cause?"; 2.6). Benserade thus delights his spectators with the comic trope of Iphis's lack. Pun after pun, the audience comes to see the young woman as a desperate lover in need of a miraculous remedy. For all those aware of how the story ends, the audience's potential discomfort with the play's lesbian character is quickly averted. Isis keeps her promise, and Iphis becomes a man at the last moment, before attempting to kill herself with a knife.[20] The lesbian is repatriated within heterosexual norms, and the social order is finally reinstated. What began as an impossible situation can now end in a celebration of love and life (to come), one where the play, in the final scene of act 5, quickly erases all traces of the first wedding night: "Et ce n'est qu'aujourd'hui qu'hymen unit nos cœurs. / . . . / Et la seconde nuit doit être la première" ("And it is only today that marriage unites our hearts. / . . . / And our second night must be our first"). All's well that ends well. Iphis's last words underscore a newly acquired virility:

> Si vous ne jugez pas mes discours véritables,
> Je vous en ferai voir des effets bien palpables
> Et ma chère moitié d'une bonne façon
> Prouvera dans neuf mois qu'Iphis est un garçon.
>
> If you do not judge my words to be truthful
> I will show you some very palpable results
> And my dear half will convincingly
> Prove, in nine months, that Iphis is a man.[21]

Although nearly four hundred years old, *Iphis and Iante* holds new interest for readers today, when issues of gender representations and gender fluidity have become increasingly influential in contemporary study and discourse. In addition to the theme of same-sex love, readers may interpret the final metamorphosis as an instance of gender transformation. Indeed, modern readers may find the comedy's treatment of lesbian love and the final metamorphosis of the young woman into a man make *Iphis and Iante* surprisingly queer for an early modern play. Given current and emerging questions and discussions surrounding gender identity, queer love, social norms, and nonbinary identities, it is our hope that Benserade's avant-garde comedy can finally grow its readership and obtain its overdue literary recognition among scholars and students alike.

Notes

1. *Les Précieuses ridicules*, Molière's first successful comedy, and *Dom Juan* are examples of exceptions to this plot.

2. The theater of the Hôtel de Bourgogne was built in 1548. In the seventeenth century, it hosted many plays by Racine, Molière, and Corneille.

3. Scholars and biographers are divided on the exact year and place where Benserade was born. Most identify Lyons-la-Fôret in Normandy as the birthplace. Some, however, claim he was born in the Marais district in Paris.

4. Following the success of *Cléopâtre*, Benserade published *Iphis et Iante* (Paris, 1637), *La mort d'Achille et la dispute de ses armes* (*The Death of Achilles and the Quarrel of His Weapons*; Paris, 1637), *Gustave ou l'heureuse ambition* (*Gustave or the Lucky Ambition*; Paris, 1637), and *Méléagre* (Paris, 1640).

5. Between 1654 and 1669, Benserade wrote a series of ballets in which the king performed. For a detailed list, see Maupoint 51–65.

6. Arthénice is an anagram for Catherine de Rambouillet, an aristocrat and lover of literature who created a *salon*, a space at l'Hôtel de Rambouillet from around 1620 to 1648 where contemporary writers and nobles could mingle and discuss literary creations. The Chambre Bleue is also referred to as the Salon de la Marquise de Rambouillet.

7. For more on the history of the *préciosité*, see Beasley; Duchêne; Maître; and Backer.

8. As Beasley notes, by the 1650s, however, the terms *précieux* and *préciosité* began to acquire negative connotations. A famous example of this is Molière's satire *Les Précieuses ridicules*.

9. For more on how Benserade constructs a distinctly baroque lesbian character, see Legault.

10. Ovid's *Metamorphoses* was well known during the seventeenth century. Jean Jehasse explains that "les jeunes gens s'y frottent de latin, les Mondains continuent de déchiffrer le monde grâce à cette 'théologie des Païens' qui inspire et illustre les arts et les manifestations de la vie de cour" ("young people use it to try their hands at Latin, socialites continue to unravel the world thanks to this 'Pagan theology' which inspires and illustrates the arts and events of courtly life"; 325; our trans.). Benserade would return to Ovid's *Metamorphoses* later on in his career when he translated it in his *Metamorphoses d'Ovide en rondeaux* (*Ovid's Metamorphoses in Rondeaux*).

11. The Egyptian mother goddess Isis was revered by the ancient Greeks and Romans for her fertility powers.

12. Mahelot was a stage designer at the Hôtel de Bourgogne from 1622 to 1635 (Pawlowski 2).

13. Translations from the play are by Marianne Legault and Ramine Adl.

14. See Waelti-Walters's *Damned Women*, for example, in which the author retraces the birth of lesbianism in French literature to Denis Diderot's *La Religieuse* (*The Nun*, 1796).

15. The history of lesbian representations in France is a curious one; attempts at defining the figure of the lesbian range from the Ovidian tradition of the abandoned, older, and grief-stricken Sappho to the dangerous, male-imitating tribade.

16. For more on the threatening dimensions of the tribade in early modern Europe, see Traub.

17. Wahl demonstrates the "cultural anxiety" that emerges in early modern France around the male-imitating tribade (21–23).

18. Written around the 1590s, *Gallant Ladies* was not published until 1666, more than fifty years after Brantôme's death in 1614.

19. Benserade would later return to the theme of the lesbian without a phallus in his poem "Sur l'Amour d'Uranie avec Philis" ("On Uranie's Love with Philis"; *Poésie*).

20. The suicide attempt with the knife may be seen as a metaphor for procuring the phallus that Iphis lacks yet so desires. In its absence, she suggests that she will die by it symbolically.

21. Stanton reminds us of the pressure on early modern males to prove their masculinity by showing evidence of "their potency and capacity to engender" (8).

Works Cited

Backer, Dorothy A. *Precious Women*. Basic Books, 1974.

Beasley, Faith E. *Salons, History, and the Creation of Seventeenth-Century France*. Ashgate, 2006.

Benserade, Isaac de. *Ballet de Cassandre*. Paris, 1651. *Gallica*, gallica.bnf.fr/ark:/12148/bpt6k72564h.

———. *Cléopâtre*. Paris, 1636. *Gallica*, gallica.bnf.fr/ark:/12148/bpt6k71387c.

———. *Metamorphoses d'Ovide en rondeaux*. Imprimerie royale, 1676.

———. "Sur l'Amour d'Uranie avec Philis." 1697. *Poésie*. Slatkine Reprints, 1967, pp. 165–73.

Biet, Christian. "À quoi rêvent les jeunes filles? Homosexualité féminine, travestissement et comédie: Le cas d'*Iphis et Iante* de Benserade (1634)." *La femme au XVIIe siècle: Actes du colloque de Vancouver, University of British Columbia, 5–7 octobre 2000*, edited by Richard Hodgson, *Biblio 17*, no. 138, 2022, pp. 53–81.

Bonnet, Marie-Jo. *Les relations amoureuses entre femmes du XVIe au XXe siècles*. Éditions Odile Jacob, 1995.

Brantôme, Pierre de Bourdeille. *Les vies des dames galantes*. 1666. Edited by Maurice Rat, Le Livre de Poche, 1962.

Diderot, Denis. *La Religieuse*. Paris, 1796.

Duchêne, Roger. *Les Précieuses ou comment l'esprit vint aux femmes*. Fayard, 2001.

Duncan Jones, E. E. "Notes and Documents: Dryden, Benserade, and Marvell." *Huntington Library Quarterly*, vol. 54, no. 1, winter 1991, pp. 73–78.

Estienne, Henri. *Introduction au traité de la conformité des merveilles anciennes avec les modernes*. Geneva, 1566.

Jehasse, Jean. "De la fable aux fables: Benserade et La Fontaine." *Mélanges offerts à Georges Couton*, PU de Lyon, 1981, pp. 323–44.

Legault, Marianne. "*Iphis and Iante*: Traumatisme de l'incomplétude lesbienne au Grand Siècle." *Representations of Trauma in French and Francophone Literature*, edited by Nicole Simek and Zahi Zalloua, special issue of *Dalhousie French Studies*, no. 81, winter 2007, pp. 83–93.

Mahelot, Laurent, and Michel Laurent. *La mise en scène à Paris au XVIIe siècle: Mémoire de Laurent Mahelot et Michel Laurent*. Edited by Émile Dacier, Société de l'Histoire de Paris et de l'Île de France, 1901.

Maître, Myriam. *Les Précieuses. Naissance des femmes de lettres en France au XVIIe siècle.* Champion, 1999.

Maupoint. *Bibliothèque des théâtres, contenant le catalogue alphabétique des pièces dramatiques et opéra, le nom des auteurs et le temps de la représentation de ces pièces, avec des anecdotes sur les auteurs et sur la plupart des pièces contenues en ce recueil.* Pierre Prault, 1733.

Molière. *Dom Juan ou Le Festin de pierre.* Paris, 1665.

———. *Les Précieuses ridicules.* Paris, 1659.

Ovid. *The Metamorphoses of Ovid.* Translated by Michael Simpson, U of Massachusetts P, 2001.

Pawlowski, Gaston de. "Benserade, auteur tragique." *Comoedia,* 9 Aug. 1925, p. 2. *Gallica,* gallica.bnf.fr/ark:/12148/bpt6k76498312/f2.item.r=iphis%20et%20iante%20benserade.

Stanton, Domna. *The Dynamics of Gender in Early Modern France.* Ashgate, 2014.

Traub, Valerie. *The Renaissance of Lesbianism in Early Modern England.* Cambridge UP, 2002.

Verdier, Anne. Préface. *Iphis et Iante,* by Isaac de Benserade, edited by Verdier, Lampsaque, 2000, pp. 7–33.

Waelti-Walters, Jennifer. *Damned Women: Lesbians in French Novels.* McGill UP, 2000.

Wahl, Susan Elizabeth. *Invisible Relations: Representations of Female Intimacy in the Age of Enlightenment.* Stanford UP, 1999.

Note on the Text

In producing both the French and the English editions of *Iphis and Iante*, our goal has been to make Benserade's play accessible to undergraduate students and general readers. The French text has been transcribed from a photo reproduction of the original play printed in 1637 by Antoine de Sommaville in Paris, from the Drake Memorial Library, State University of New York, Brockport. We have systematically modernized spelling, punctuation, and the use of capital letters for the edition (exceptions include where the author refers to gods such as "Love," "Hymen," and "Fortune"). While Benserade's erratic punctuation undoubtedly lends to the character of the piece and could be informative to a specialist, when coupled with the archaic syntax it can obscure the reading for less experienced readers. Our hope is that following contemporary norms will guide the reader through deciphering the more difficult passages. Various footnotes have also been added to clarify the more archaic features of the language. However, we have not altered the text or its syntax otherwise so that it does retain some of its original character. For example, we did not alter the placement of object pronouns in infinitive constructions (e.g., act 1, scene 2: "Je l'allais visiter").

The play follows the twelve-syllable alexandrine verse structure. In an alexandrine, a single line number may apply to two or more lines of text, presented with indentations, signifying the continuation of a single alexandrine verse, as below:

LIGDE

D'où te vient cette humeur ? Et quelle répugnance
Te fait tant retarder cette heureuse alliance ?
Pourquoi t'efforces-tu d'en empêcher le cours ?
N'est-elle pas utile au repos de nos jours ?
Vois-tu dans ce parti du bien qui te déplaise ?
N'est-ce pas de quoi mettre un fils bien à son aise ?

TÉLÉTUZE

[7] **Vous ne songez qu'au bien.**

LIGDE

[7] **Et sur quoi voudrais-tu**
Que mon âme fît voir un trait de sa vertu ?
Voudrais-tu que ce fût dans le choix d'un visage ?
On ne peut, sans le bien, faire un bon mariage.

Iphis et Iante

Épître

À monsieur,

Monsieur de Bautru,

Introducteur des ambassadeurs, etc.

Monsieur,

Ce n'est point ici une reconnaissance des obligations que je vous ai, c'est un pur hommage que je rends au plus parfait esprit qui soit à la cour, et si généralement estimé, que la gloire de son approbation doit être la fin dernière des meilleurs ouvrages, non qu'en cette qualité je vous présente ce coup d'essai, puisque ce serait vous faire honte que de vous offrir moins que des chefs-d'œuvre. Certes, après avoir jeté les yeux sur toute la France, je n'ai point remarqué de vertu plus entière que la vôtre, ni qui brille mieux d'elle-même, et je crois que l'antiquité eût fait conscience de ne vous pas adorer, et de ne pas faire un de ses dieux d'un homme comme vous, dont les incomparables bontés s'étendent indifféremment sur toutes sortes de personnes, si bien que nous pouvons dire avec raison que la Fortune a eu soin de tout le monde, quand elle a travaillé seulement pour vous. Aussi, Monsieur, sans vous flatter, je tiens qu'il en est peu comme vous qui soient véritablement ce qu'ils paraissent, et surtout en ce temps où l'intérêt mêle parmi les plus héroïques actions de la vie, et où la dissimulation accorte et subtile usurpe insensiblement le nom de cette vieille franchise qui mourut aux premiers siècles, et qu'il y a si longtemps qu'on ne connaît plus. Il est bien vrai qu'en faisant pour les autres, vous faites aussi pour vous, vu qu'il vous est si naturel d'obliger, que vous n'en laissez passer aucune occasion sans vous désobliger vous-même, et sans faire violence à cette noble et généreuse inclination. De moi, j'en ai ressenti, et en ressens tous les jours des effets particuliers qui me rangent au nombre de ceux qui font foi d'une vérité si publique. Si aux personnes qui sont dans l'indigence, la confession d'une dette tient lieu d'un demi-payement, je ne suis pas tout à fait hors d'espérance de m'acquitter, autrement il faut que je meure taché du plus noir de tous les vices, et que je périsse misérablement dans la foule des ingrats. Permettez-moi, s'il vous plaît, Monsieur, de publier hautement les justes ressentiments que j'ai de l'honneur que vous me faites, et croyez aussi que je suis parfaitement,

Monsieur,
Votre très humble et très obligé serviteur,
De Benserade

Au lecteur

Ce petit mot est pour t'avertir d'une chose que tu sais peut-être aussi bien que moi, c'est que cette comédie est tirée du neuvième livre des *Métamorphoses* d'Ovide et que c'est même une métamorphose que j'ai accommodée au théâtre. La stérilité du sujet m'a obligé d'y coudre quelques intrigues dont l'ajustement et la liaison n'a point paru tout à fait désagréable. Je n'aspire pas à la gloire d'égaler Ovide ; ce me sera beaucoup si je ne l'ai point fait rougir. Tu en seras l'équitable juge. Adieu. Excuse les fautes de l'impression, s'il y en a, et fais grâce aux miennes.

Personnages

IPHIS, fille en garçon

IANTE, maîtresse d'Iphis

TÉLESTE, père d'Iante

LIGDE, père d'Iphis

TÉLÉTUZE, mère d'Iphis

SŒUR D'ERGASTE, confidente de Télétuze

ERGASTE, amoureux d'Iphis

NISE, ami d'Ergaste

MÉRINTE, amoureuse d'Ergaste, sœur de Nise

DOMESTIQUE DE TÉLESTE

LA DÉESSE ISIS[1]

La scène est en Crète.

Vota puer solvit quae fœmina voverat Iphis.[2]
(9 lib. Met. Ovid.)

1. Egyptian goddess of fertility.

2. "Iphis the boy made good on the vows which he as a girl had made." We thank Michael Treschow for this translation. Ovid's *Metamorphoses* uses "dona puer" ("a gift") and not "vota puer" ("vows"), as it appears in Benserade's text.

Acte 1

Scène première

Ligde, Télétuze, Iphis

LIGDE

D'où te vient cette humeur ? Et quelle répugnance
Te fait tant retarder cette heureuse alliance ?
Pourquoi t'efforces-tu d'en empêcher le cours ?
N'est-elle pas utile au repos de nos jours ?
Vois-tu dans ce parti du bien qui te déplaise ?
N'est-ce pas de quoi mettre un fils bien à son aise ?

TÉLÉTUZE

Vous ne songez qu'au bien.

LIGDE

Et sur quoi voudrais-tu
Que mon âme fît voir un trait de sa vertu ?
Voudrais-tu que ce fût dans le choix d'un visage ?
On ne peut, sans le bien, faire un bon mariage.
C'est à son jeune cœur d'aimer ce qui lui plaît

Comme c'est à nous deux d'aimer son intérêt.
Tes meilleurs sentiments ne sont plus à la mode ;
On fuit la pauvreté parce qu'elle incommode.
De tous les autres maux ce mal est le soutien ;
Il ne saurait tromper sous l'éclat d'un faux bien
Et principalement dans le siècle où nous sommes,
Où l'or a des autels dans les esprits des hommes,
Où le désir du gain, de l'aise, et du bonheur
Met ce traître métal au-dessus de l'honneur.
Pourvu que la richesse accompagne une fille,
On la croit belle, honnête et de bonne famille.
Quand la bourse est garnie et que l'or a son cours,
Les belles qualités s'augmentent tous les jours.
D'ailleurs la belle Iante est sage autant que riche
Et son père n'est pas dans l'estime d'un chiche.
Il est en bonne odeur ; il a du revenu
Et son bien est trop grand pour n'être pas connu.
N'estimerons-nous pas la fortune prospère
Quand notre propre fils deviendra notre père ?
Et ne croirons-nous pas notre sort bienheureux
De recevoir de lui ce qu'il tient de nous deux ?
Quel appui nos vieux jours devraient-ils plus attendre
Si mon fils refusait l'honneur d'être son gendre ?

TÉLÉTUZE

C'est bien fait d'assurer le repos de nos ans,
Mais il faut procurer celui de nos enfants.

Iphis est jeune encore et s'il chérit Iante,
Je crois que ce n'est pas d'une amour violente.[3]

LIGDE

Tu parles sans raison. Et quoi ! Ne vois-tu pas
Comme Iphis la cajole et meurt pour ses appâts ?
Comme Iante lui rend le bien qu'il lui souhaite
Et comme elle témoigne en être satisfaite ?
Ne t'aperçois-tu pas, aux discours qu'ils se font,
Du mutuel amour qui se lit sur leur front ?

TÉLÉTUZE

Je vois bien tout cela, mais...

LIGDE

Quoi mais ?

TÉLÉTUZE

Il me semble
Qu'ils ne pourront jamais s'accommoder ensemble.
Ces amants, une fois sous la loi de Vénus,
Ne sont pas pour s'aimer après s'être connus.
Je veux qu'ils s'aiment bien et qu'ils soient d'un même âge ;
Ils n'ont pas ce qu'il faut pour faire un bon ménage.

3. In Old French, *amour* is most often a feminine noun. Its gender becomes masculine during the sixteenth and seventeenth centuries.

LIGDE

Que leur faut-il ?

TÉLÉTUZE

Un âge, en ce coup important,
Pour subir sans se plaindre un joug[4] qui pèse tant :
Iphis n'est qu'un enfant qu'un feu léger consomme
Et qui ne ferait pas les fonctions d'un homme.

LIGDE

Vous moquez-vous de mettre au nombre des enfants
Un garçon comme Iphis à l'âge de vingt ans ?

TÉLÉTUZE

Il est vrai que c'est être à la fleur de son âge,
Mais pour se marier, il en faut davantage :
Il faut être tout fait devant que[5] s'attacher
D'un lien dont jamais on ne peut s'arracher.
Qu'un jeune homme s'afflige et qu'il se désespère
Quand il voit ses enfants aussi vieux que leur père
Et quand ses héritiers sont déjà déplaisants
De le voir vivre encore à l'âge de trente ans !
Gardons-nous, mon ami, pour éviter ce blâme
De le perdre si tôt, lui donnant une femme.

4. "Un fardeau."
5. "Avant de."

LIGDE

Enfin, tu ne suivras jamais ma volonté ?
Qu'on ne m'en parle plus. C'est un point arrêté.
Et quand ce ne serait que ton esprit s'oppose
À tous les bons moyens que le mien lui propose,
Aujourd'hui ces amants se donneront la foi
Et j'aurai bonne tête aussi bien comme toi.
Le père en est d'accord ; la fille en est contente
Et sans doute qu'Iphis languit dans cette attente.
Tout leur désir ne tend qu'à se voir épousés.

TÉLÉTUZE

Je ne les y vois pas pourtant bien disposés.

LIGDE *à Iphis*

Est-il vrai ? Parlez donc ! Cette affaire vous touche
Et vous n'en daigneriez, ce semble, ouvrir la bouche.
N'aimez-vous pas Iante et n'êtes-vous pas prêt
À suivre mon vouloir de même qu'un arrêt ?

IPHIS *répond froidement*

Iante a sur mon âme une entière puissance
Et je n'ai pour vous deux que de l'obéissance.

LIGDE

Je n'attendais pas moins d'un naturel si doux
Qui désire son bien et qui craint mon courroux.
Mon fils, vous méritez cette jeune merveille

Dont la rare beauté n'eut jamais de pareille.
Voyez-là ! Mettez-vous un peu sur le caquet
Et faites tout d'un temps préparer le banquet.
Je vous irai trouver sur le soir chez son père,[6]
Où nous achèverons le reste de l'affaire
Afin qu'un chaste hymen vous donne cette nuit
Le moyen de goûter les douceurs de son fruit.

Scène 2

Télétuze, Iphis

TÉLÉTUZE

Pauvre Iphis ! Voit-on rien qui te soit comparable ?
Que je plains le malheur de ton sort déplorable !
La fortune se joue et te réduit au point
De craindre cette noce et ne la fuir point.
Ton amour voudrait bien que l'heure en fût venue,
Mais un secret caché t'en fait craindre l'issue.
J'ai fait ce que j'ai pu pour rompre cet accord ;
J'ai voulu t'obliger et si je t'ai fait tort,
Quand j'aurais dépouillé les sentiments de mère,
Je participerais à ta douleur amère.
Quelle est ton espérance et que deviendras-tu ?
Hélas ! De quel côté tournera ta vertu ?
Ce grand jour est venu ; songe à toi je te prie.

---

6. Throughout this edition, French pronoun placement follows that of the original text.

Vois que, malgré mes soins, enfin l'on te marie
Et que ton père, usant d'un absolu pouvoir,
T'afflige en te donnant ce que tu veux avoir.
Tu chéris la beauté de celle qu'on te donne ;
Ton cœur brûle pour elle et c'est ce qui m'étonne !
Pense à ce que tu fais ; règle ta passion.
Cherche un objet plus propre à ton affection.
Fuis la beauté d'Iante et tâche à t'en distraire.
Pour t'être trop semblable, elle t'en est contraire.
Cesse de rendre hommage à ses divins appâts ;
La nature et les dieux ne le permettent pas.
Mais au récit du feu dont tu dis que tu brûles,
Je croirais que tu mens ou que tu dissimules.
En effet, l'aimes-tu ?

IPHIS

Si je n'ai de l'amour,
Je ne mérite pas de respirer le jour.
Oui, ma mère, je l'aime ; et quoi qu'on puisse dire,
Je ressens comme un autre un amoureux martyre.
Ainsi que sa beauté, mes feux sont infinis
Et je fais mille vœux pour voir nos cœurs unis.

TÉLÉTUZE

Mais connais-tu l'objet de ton amour extrême ?
Ou, pour mieux m'expliquer, te connais-tu toi-même ?
Tu sais quelle est Iante et qu'un bien si parfait,

Tout ravissant qu'il est, ne peut être ton fait.
Tu sais bien qu'à la fin tes feux feront ses glaces
Lorsqu'elle connaîtra tes défauts et ses grâces.
Souffres-tu que ton cœur soit toujours enflammé
D'un feu qu'un juste amour n'a jamais allumé ?

IPHIS

Ce sont d'étranges coups ! Et qui sait ce mystère
Doit bien dans son esprit l'admirer et se taire.

TÉLÉTUZE

Iphis, que je te plains ! Et qu'on verra dans peu
De merveilleux effets de ton aveugle feu !
Tu pourrais différer ce triste mariage
Qui ne sera jamais qu'à ton désavantage.
Aussi bien cette flamme est une illusion
Et j'ai peur qu'elle tourne à ta confusion.

IPHIS

Les dieux m'assisteront et la bonne déesse
Fera voir un effet de sa vieille promesse.
Nous devons espérer que le ciel adouci
Me donnera secours en cette affaire-ci.
Cependant, je vais voir quelle noce on apprête
Et quel préparatif on fait pour notre fête
Puisque c'est aujourd'hui qu'on doit finir l'accord
Que je désire tant et que je crains si fort.

Je vous laisse. Aussi bien, votre belle voisine
Pour vous entretenir devers vous s'achemine.

Scène 3

Sœur d'Ergaste, Télétuze

SŒUR D'ERGASTE

Je m'en allais chez vous afin de m'assurer
Si nous avons sujet de craindre ou d'espérer.

TÉLÉTUZE

Hélas ! Tout est perdu, ma chère confidente :
Il veut absolument qu'Iphis épouse Iante.
Pour moi je n'oserais désormais en parler ;
Mes plus fortes raisons ne peuvent l'ébranler.

SŒUR D'ERGASTE

L'affaire va donc mal ?

TÉLÉTUZE

J'en suis toute troublée
Et je voudrais jamais ne m'en être mêlée.
Cet hymen se va faire et j'ai reçu l'affront,
Pensant le retarder, de le rendre plus prompt.
Je devais, connaissant l'humeur du personnage,
Feindre que mon esprit voulait ce mariage.
Si je l'eusse pressé de le faire accorder,
C'était le vrai moyen de l'en dissuader.

Hélas ! Que ferons-nous ! Sur quelles apparences
Pouvons-nous désormais fonder nos espérances !
Que je suis malheureuse ! Et que j'aurai d'ennui
S'il faut que mon secret se découvre aujourd'hui !

SŒUR D'ERGASTE

Aujourd'hui ?

TÉLÉTUZE

Je me trouve à la fin de mes ruses
Et je ne puis forger de nouvelles excuses.
Depuis quatre ou cinq mois je recule toujours
L'effet prodigieux de ces tristes amours.
Mais quoi ! Le sort en veut conclure l'alliance,
Mon mari la recherche avec impatience,
La fille en est contente et le plus ravissant
C'est qu'Iphis...

SŒUR D'ERGASTE

La retarde ?

TÉLÉTUZE

Au contraire, y consent.

SŒUR D'ERGASTE

Ô dieux ! Qui vit jamais un prodige semblable !
Mais, quoique l'on procède à ce coup admirable,
Qu'en peut-il arriver ? Ne savons-nous pas bien

Que tous ces beaux projets ne serviront de rien ?
Tous deux pour s'accorder ont trop de sympathie ;
Il manque à leur hymen la meilleure partie.
L'une aura de la honte et l'autre du dépit.
La chasteté fera son trône de leur lit.
Si de semblables nœuds unissaient tout le monde,
Ce serait bien pour voir la nature féconde !
L'encens aux immortels ne serait plus offert
Et ce grand univers serait un grand désert !
Perdez avec raison la peur qui vous transporte ;
On n'achèvera point un hymen de la sorte.
Nos jeunes amoureux n'y trouvent point d'appâts
Et je juge par moi qu'ils ne le voudront pas.
Je les connais trop bien. Quoique la jeune Iante
Brûle pour votre Iphis d'une ardeur violente,
Examinant de près un amant si parfait,
Elle dira bientôt : « ce n'est pas là mon fait ».
Et puis quand les vieillards voudront nouer l'affaire,
Avec tout leur pouvoir, ils ne sauraient tant faire
Qu'Iphis accepte Iante en qualité d'époux.

TÉLÉTUZE

Mais ils ne savent pas le secret comme nous.
Iphis le voulant bien, qui lui pourra défendre
D'épouser une fille et de passer pour gendre ?

Nos secrets[7] sont cachés. Ils n'empêcheront point
Que ce couple amoureux n'en vienne au dernier point.
Et puis, quelle pitié !

SŒUR D'ERGASTE

C'est là toute la crainte
Dont pour vous et pour eux je sens mon âme atteinte.
Que ces pauvres amants sont mal appariés !
Qu'on les nommera bien les nouveaux mariés ![8]
Mais cherchons un moyen dont le secours nous aide :
Il faut à ce grand mal trouver un grand remède.
Qu'Iphis par vos conseils n'engage pas sa foi ;
Nous nous opposerons toujours Ergaste et moi.
Je crois que le voici. Cette triste nouvelle,
Aussi bien comme nous, le va mettre en cervelle.

TÉLÉTUZE

Puisque de nos secrets il est le confident,
Nous lui pouvons conter ce fâcheux accident
Afin qu'il y mette ordre et qu'il trouble la fête
Plutôt que de souffrir qu'un autre ait sa conquête.
Peut-être ses bons soins lui pourront conserver
La maîtresse et l'ami dont on le veut priver.

---

7. "Secrets" refers to both the sexual identity of Iphis and how the truth has been concealed from others.

8. Ergaste's sister is playing here with the concept of "newlyweds" as a new kind of marriage.

Scène 4

Sœur d'Ergaste, Ergaste, Télétuze

SŒUR D'ERGASTE

Ergaste, mon ami, si jamais ton courage
S'est fait paraître ferme au milieu d'un orage,
Si jamais ton esprit s'est montré généreux
Et si tu fus jamais et sage et malheureux
Dans les afflictions que le ciel te prépare,
Tu nous peux témoigner une constance rare.

ERGASTE

Vous me connaissez[9] bien et vous n'ignorez pas
Comment je me comporte en de pareils combats.
Vous savez de quel front je reçois la fortune ;
Quelle mine je fais quand le sort m'importune
Et si l'on me voit plus faire distinction
Du bien, du mal, de l'aise et de l'affliction.
Vous savez que mon âme a perdu la coutume
De discerner le doux d'avecque l'amertume
Et que depuis le temps que je suis amoureux,
J'ai fait tout mon bonheur de me voir malheureux.
C'est pourquoi dites tout sans rien celer ni feindre ;
J'apprends bien tous les jours à souffrir sans me plaindre.

9. The original text uses the *imparfait* "cognoissiez."

SŒUR D'ERGASTE

Il n'est aucun amant sous l'amoureuse loi
Qui soit moins criminel et plus puni que toi.

ERGASTE

Vous me faites languir dans une impatience
Qui blesse un peu mon âme et votre conscience
Et ce coup de fortune aura bien des rigueurs
S'il me fait de la peine autant que vos longueurs.

SŒUR D'ERGASTE

Iphis...

ERGASTE

Et bien, Iphis ?

SŒUR D'ERGASTE

Qu'on t'apprenne le reste.
Je ne te veux point faire un rapport si funeste
Ni te voir écouter, pour comble de malheur,
Ta sentence de mort de la voix de ta sœur.

ERGASTE

Ô dieux ! Dites-moi tout si vous n'avez envie
Que votre frère expire et rende ici la vie !
Mon soupçon me fait voir l'objet de ma douleur
Et je lis sur vos fronts l'image d'un malheur.
Ce coup regarde Iphis ; quel traître, quel infâme,

Quel bourreau détestable a ravi sa belle âme ?
Si le ciel même a fait ce violent effort,
Dites-le vitement ; je vengerai sa mort.
Ou bien si ma puissance est trop faible à cette heure,
Que je sache sa mort afin que je la pleure,
Que je lui fasse un don du dernier de mes vœux
Et qu'un même tombeau nous enferme tous deux.
À son occasion je conservais la vie ;
Iphis n'en ayant plus, qu'elle me soit ravie.

TÉLÉTUZE

Vous donnez trop de peine à ce pauvre garçon ;
Il ne faut point aussi faire tant de façon :
Iphis épouse Iante.

ERGASTE

Est-ce là cet orage
Qui devait m'accabler ? Ha, le beau mariage !
Que vous ignorez l'art de me désobliger !
C'est là me faire rire au lieu de m'affliger.

TÉLÉTUZE

Il n'est plus temps d'en rire, Ergaste, et je vous jure
Que l'on force aujourd'hui les lois de la nature.
Si vous aimez Iphis, ainsi que je le crois,
Détournez ce malheur.

ERGASTE

Vous vous moquez de moi !
Iphis épouse Iante ! Et quelle extravagance !
A-t-on jamais vu faire une telle alliance ?
La ravissante noce et le plaisant époux !

TÉLÉTUZE

Cela se fait pourtant.

ERGASTE

Je n'en suis point jaloux.
Encore qu'un hymen aujourd'hui les assemble
Et qu'il leur soit permis de reposer ensemble,
Je n'aimerai pas moins pour cela désormais
Et j'aurai plus d'espoir que je n'en eus jamais.
Un semblable malheur touche fort peu mon âme
Et n'a pas le pouvoir de ralentir ma flamme.
J'ai trop d'affection pour deux si beaux amants
Et je prends du plaisir à leurs contentements.
Qu'ils goûtent librement l'amoureuse ambroisie ;
Je n'en aurai jamais aucune jalousie.
Je leur souhaiterai toujours le sort égal
Et je sois[10] malheureux si je leur en veux mal !
Ils sont brûlés tous deux d'un feu trop légitime
Et sont trop innocents pour savoir faire un crime.

10. The text reads "Et [que] je sois malheureux" in the original.

SŒUR D'ERGASTE

En disant tout cela, ce couple est sur le point
De se voir aujourd'hui l'un à l'autre conjoint.
Les deux pères en ont la parole donnée
Et rien ne leur défend d'accomplir l'hyménée.

ERGASTE

Ha ! Que vous parlez bien contre vos sentiments !
Quoi ! Rien ne leur défend d'unir ces deux amants ?
Le secret n'en est pas dans votre connaissance ?

SŒUR D'ERGASTE

Oui, mais ils peuvent faire un péché d'ignorance.
Quand le père d'Iphis aura fait ce qu'il veut,
Il ne sera plus temps de dire : il ne le peut.

ERGASTE

Que cette affaire-là soit si fort avancée,
C'est ce qui ne saurait tomber dans ma pensée.

TÉLÉTUZE

Ergaste, il n'en faut pas disputer contre nous
Car votre sœur et moi le savons mieux que vous.
Elle vous a conté des choses véritables
Et je ne suis pas femme à soutenir des fables.
Mais, sans nous amuser à tant de vains discours,
Êtes-vous dans l'humeur où vous étiez toujours ?

ERGASTE

Quoi ? De servir Iphis ?

TÉLÉTUZE

D'aimer notre alliance
Et de la rechercher avec impatience.

ERGASTE

Si le ciel est jaloux de ce noble dessein,
Il m'ôtera la vie en me l'ôtant du sein.
Que l'enfer me prépare une peine nouvelle
Si je m'acquiers jamais le titre d'infidèle,
Si je trahis jamais l'innocente beauté
Qui tient sans le savoir ma douce liberté,
Si je prétends chercher des grâces plus parfaites
Et si je suis ingrat du bien que vous me faites !

TÉLÉTUZE

Si vous avez dessein de vous récompenser
De vos soins amoureux, il est temps d'y penser.
La résolution de ce prompt mariage
Est à vos biens futurs un périlleux naufrage.
Il faut rompre ce coup.

ERGASTE

Si je dis le secret,
Je n'en serai donc pas tenu pour indiscret.

TÉLÉTUZE

En cette extrémité, je veux bien qu'on le sache
Et vous ne devez pas craindre que je m'en fâche.
Dites que vous souffrez un amoureux tourment ;
Découvrez-en l'objet, mais le tout dextrement.

Acte 2

Scène première

ERGASTE *seul*

Qui ne s'étonnerait d'une amour de la sorte ?
Et qui n'admirerait une flamme si forte ?
Je ne sais plus qu'en croire et je ne puis juger
Si j'ai sujet d'en rire ou de m'en affliger,
Quand je vois qu'une fille en aime une comme elle
Et fait naître en son cœur une flamme nouvelle,
Et que dans ce beau couple un habit seulement
Fait la distinction de maîtresse et d'amant.
Encore qu'à mes yeux ma déesse soupire
Pour quelqu'autre que moi, je suis contraint d'en rire.
Mais je m'afflige aussi de voir que, tout de bon,
Un saint hymen succède à cet amour bouffon.
L'effet prodigieux d'une telle aventure
Me met au désespoir et trouble la nature.
Je ne saurais souffrir qu'un si funeste jour
Me prive indignement des fruits de mon amour.
Iphis, aimable amant mais cruelle maîtresse,

Qui ne saurait juger par où ton œil me blesse,
Et qui, ne me voyant soupirer qu'à demi,
N'écoute mes discours qu'en qualité d'ami.
Tu ne me connais pas : c'est là ce qui me tue,
Et mon mal ne me vient que de t'avoir connue.
Mais à qui t'en prends-tu, pauvre Ergaste, et pourquoi
Te fâches-tu qu'ailleurs elle engage sa foi ?
Puisqu'en la nouveauté du feu qui la consomme
Tu vois qu'elle aime mieux une fille qu'un homme.
Encore te dois-tu consoler dans ton mal
D'avoir une rivale et non pas un rival.
Tu sais que marier Iphis avec Iante
C'est mettre en sureté les fruits de ton attente,
Qu'on ne peut conserver plus honorablement
Le précieux sujet de ton contentement.
Mais sur la peur que j'ai de cette noce feinte,
Je me forge en l'esprit mille sujets de crainte.
Tout me met dans l'ombrage et j'entre en un soupçon
Que l'un des deux amants ne se trouve garçon
Et qu'ainsi le malheur qui sans cesse m'outrage,
Par un second prodige, achève mon naufrage.
Encore vaut-il mieux révéler un secret
Que de me repentir d'avoir été discret.
Pour la faire connaître, il suffit que je l'aime.
Mais qu'en ce beau dessein ma folie est extrême,
Sachant que mon amour la pourrait diffamer.
Hélas ! Je l'aime tant que je ne l'ose aimer.

Au moins, je dissimule et tout le monde ignore
Les coups que je reçois du bel œil que j'adore.

Scène 2

Nise, Ergaste

NISE

Toujours seul à rêver dans un profond souci ?
Vraiment, les bons esprits s'entretiennent ainsi :
La conversation des âmes mieux sensées
Ne vaut pas l'entretien de leurs belles pensées.
Mais n'es-tu pas de noce, aujourd'hui que les dieux
Donnent au jeune Iphis un bien si précieux ?

ERGASTE

Je l'allais visiter.

NISE

Que son âme est contente
Et qu'il est réjoui de posséder Iante !

ERGASTE

Il a raison de l'être ; en un pareil succès
Tu le serais possible[11] avecque plus d'excès.
Un amant élevé par ses propres mérites
Au dessus d'un honneur qui n'a point de limites,
Lors qu'à tous ses rivaux il se voit préférer,

11. In contemporary French spelling, "possiblement."

Sont-ce là, cher ami, des sujets de pleurer ?
Possesseur d'un grand bien et d'une belle femme,
Peut-il mieux assurer le repos de son âme ?
Pourvu d'un tel parti, qu'il serait dégoûté
S'il était mécontent de sa félicité ?[12]

NISE

En effet, quand on peut trouver son avantage,
Il n'est rien de charmant comme le mariage.
Le blâme qui voudra, je trouve qu'il n'est rien
Que l'on doive priser à l'égal de ce bien.
Vivre avec une femme aussi sage que belle
Alors qu'un nœud sacré nous unit avec elle,
Jouir de ces trésors qui ne sont dus qu'à nous,
L'aimer, en être aimé, est-il rien de plus doux ?
Si nous la caressons, elle aussi nous caresse ;
Si nous sommes son maître, elle est notre maîtresse,
Et tout notre bonheur consiste en ce beau point :
Que nos corps et nos cœurs ne se divisent point.
Quelle douceur de voir, sans commettre des vices,
Les effets naturels de nos chastes délices !
Lorsqu'Amour, qui préside à nos embrassements,[13]
Fait naître le sujet de nos contentements
Et lorsque nous voyons sortir de notre couche

12. "Dégoûté" should be understood in the sense of "être trop exigeant" ("being too demanding") or "faire le difficile" ("being difficult").
13. "Amour" refers here to Cupid.

De jeunes rejetons dont nous sommes la souche,
Que nous les voyons croître et que, sur nos vieux ans,
Nous semblons rajeunir avecque nos enfants.[14]
La douceur de ce joug change dans la jeunesse
La fureur en raison, la folie en sagesse,
Et je trouve qu'Iphis agit très prudemment
De pourvoir de bonne heure à son contentement,
Que s'il m'était permis de lui porter envie,
Je me souhaiterais le bonheur de sa vie ;
Seulement la pensée en tient mes sens ravis.
Et toi qu'en penses-tu ?

ERGASTE

Je suis de ton avis.

NISE

À la bonne heure, Ergaste ! Et puisque ta voix même
Confesse que ce joug est un bonheur extrême
Et qu'il est bienheureux qui s'y voit arrêté,
Je veux être l'auteur de ta félicité.
J'ai pouvoir sur l'esprit d'une certaine fille
À qui l'on peut donner le titre de gentille ;
Que si ta volonté seconde mes desseins,
Elle sera pour toi.

14. In this series of clauses, the conjunction *que* is used in place of *lorsque* to avoid repetition.

ERGASTE

Je t'en baise les mains.

NISE

Et quoi ! Ne veux-tu pas entendre au mariage ?

ERGASTE

Pour un si haut dessein, j'ai trop peu de courage.

NISE

Tu l'approuves pourtant.

ERGASTE

Hors de mon intérêt,
Je veux ce que tu veux ; j'aime ce qui te plaît.
Tels que sont tes conseils, on me les verra suivre
S'ils n'ont rien de contraire à ma façon de vivre.
Mais, par cette amitié dont le beau nœud nous joint,
Ne me fais pas du bien puisque je n'en veux point.
Ta bonne volonté me passe en tyrannie,
De me vouloir contraindre et forcer mon génie.
Mon caprice est fâcheux ; mon humeur te déplaît,
Mais souffre d'un ami, tout imparfait qu'il est,
Puisque c'est dans l'amour que le bonheur consiste
Et qu'aux lois de ce dieu mon naturel résiste.
Bref, puisqu'il faut aimer si l'on veut être heureux,
Permets qu'avec le temps je devienne amoureux.

NISE

Quand te veux-tu résoudre à brûler de ces flammes
Que l'amour tôt ou tard allume dans les âmes ?
Quand te veux-tu résoudre à souffrir que ton cœur
Serve d'un nouveau trône à ce jeune vainqueur ?
Quand veux-tu que chez toi ce doux tyran demeure ?
Et quand aimeras-tu, si ce n'est à cette heure ?
Si ton cœur ne fait vœu de brûler désormais
Et s'il n'aime à présent, il n'aimera jamais.
Veux-tu qu'un long chagrin te reproche en vieillesse
D'avoir si mal usé des droits de la jeunesse ?
Penses-tu pervertir ainsi l'ordre des ans
Et cueillir en hiver la fleur de ton printemps ?
Attends-tu, pour servir à l'amour de conquête
Et pour être moins froid, qu'il neige sur ta tête ?
Et que tes mouvements languissants et perclus
Se veuillent exciter quand ils ne pourront plus !
Crois-tu que cet enfant que la vieillesse chasse
Mette un cœur tout de feu dans un corps tout de glace
Et que ce feu subtil fasse agir un vieux corps
Dont le temps et l'usage ont gâté les ressorts ?
C'est un abus, Ergaste, il faut que tu t'assures
Qu'amour ne loge point dans de vieilles masures.
Comme en un jeune cœur c'est un ciel de plaisirs,
C'est dans un vieil esprit un enfer de désirs.
Tandis que tu le peux, aime donc.

ERGASTE

Tu vois, Nise,
Que j'aime ton esprit, ton humeur, ta franchise.
Tu vois que j'aime Iphis autant qu'on peut aimer
Le plus divin objet qui nous puisse charmer,
Et que pour les vertus dont sa belle âme abonde,
Je le tiens préférable aux plus belles du monde.

NISE

Tu parles d'amitié, mais je parle d'amour.

ERGASTE

Pour te dire le vrai, mon cœur jusqu'à ce jour
Ne s'est point abaissé dans ce métier infâme
Qui fait perdre le sens pour gagner une femme.
Je prise les beautés, mais parmi leurs appâts
Elles ont des humeurs qui ne me plaisent pas.
J'ai de l'aversion pour un sexe volage
Dont la recherche molle efféminé un courage.

NISE

En est-on moins vaillant ? Tu sais bien qu'autrefois
Ces superbes vainqueurs en ont reçu des lois,
Qu'un bel œil se servant du moindre de ses charmes,
D'un regard seulement a fait rendre les armes
Aux plus vaillants héros dont la fable ait parlé :

Achille fut bien femme ;[15] Hercule a bien filé ;[16]
Lui qui, pour obéir au vouloir d'un monarque,
Donna tant d'exercice aux ciseaux de la Parque.[17]
Lui qui seul combattit tous les monstres divers,
Dont la force invincible a purgé l'univers.
Tu fais profession d'imiter sur la terre
Les belles actions de ce foudre de guerre.
Il aimait en son temps ; aime donc aujourd'hui
Et deviens tout à fait Hercule comme lui.
Aime qui te chérit, Ergaste, et te dispose
D'accepter le parti qu'un ami te propose.[18]

ERGASTE

Est-ce une belle fille ?

NISE

Elle a de quoi charmer.

---

15. According to a Greek legend, Achilles's mother knew her son would die in the Trojan War. To avoid this fate, she dressed him as a girl and had him raised at the court of Lycomedes, king of Scyros, for many years. Of course, Achilles would eventually take part in the Trojan War and meet his fatal destiny.

16. Omphale, queen of Lydia, bought Hercules as a slave and required him to wear women's clothing and spin wool. Numerous seventeenth- and eighteenth-century paintings, such as Peter Paul Rubens's *Hercules and Omphale* (c. 1602) and François Boucher's *Hercule et Omphale* (c. 1730), portray the legendary story.

17. One of the three goddesses of fate in Greek mythology, Atropos (la Parque) symbolizes death. Her sister Clotho spins the web of life, while her other sister Lachesis assigns the length of one's life. Finally, Atropos cuts the threads of life with her scissors.

18. That is, "et dispose-toi à accepter le parti qu'un ami te propose."

ERGASTE

Est-elle jeune ?

NISE

En l'âge où l'on se fait aimer.

ERGASTE

Est-elle riche ?

NISE

Assez pour te mettre à ton aise.
Elle est toute parfaite et n'a rien qui ne plaise.

ERGASTE

Elle vaut donc beaucoup.

NISE

C'est un trésor.

ERGASTE

Crois-moi,
Puisque c'est un trésor, garde-le bien pour toi.
N'estime pas pourtant que je t'offre mon reste.

NISE

Me conseillerais-tu de commettre un inceste ?
Celle dont tu devrais adorer les attraits,
Pour s'unir avec moi me touche de trop près.
J'épouserais ma sœur.

ERGASTE

Ta sœur ?

NISE

C'est elle-même
Qui chérit ta vertu, qui t'honore, et qui t'aime
De l'amour le plus chaste et le plus véhément
Dont jamais une fille ait aimé son amant.
Elle m'a découvert le feu qui la consomme
Et j'en connais la cause alors qu'elle te nomme.
Je voudrais que mes soins lui pussent procurer
Ce que d'un seul Ergaste elle doit espérer.

ERGASTE

Parles-tu tout de bon ?

NISE

Si tu savais les peines
Qu'Amour lui fait souffrir dans tes aimables chaînes,
Tu croirais, si ton cœur n'est tout à fait brutal,
Qu'en te voulant du bien, elle se veut du mal.
L'amour qu'elle te porte est digne de salaire ;
Elle achète trop cher le souci de te plaire
Pour ne pas éveiller ton esprit endormi
Et son œil amoureux ne te voit qu'à demi.
Si les vœux de ton âme aux miens n'étaient contraires,
Désormais nous pourrions d'amis devenir frères.

Toute notre maison recevrait du bonheur
D'une telle alliance.

ERGASTE

Et moi beaucoup d'honneur :
Vous me faites tous deux une faveur insigne
Et je n'ignore pas comme j'en suis indigne.
Ne voyant rien en moi qui ne soit un défaut,
Prétendre à votre sœur, c'est voler un peu haut ;
Outre que mon vouloir en une telle affaire
Dépend absolument de celui d'une mère.
Mais je m'estimerai parfaitement heureux
Que son consentement autorise mes vœux.
Mon âme languira toujours dans cette attente
Comme celle d'Iphis.

NISE

Il sort de chez Iante.

ERGASTE

Souffre que je lui parle.

NISE

Elle le suit aussi.

ERGASTE

Laissons-les donc un peu s'entretenir ici
Et ne leur ôtons pas le plaisir d'un quart d'heure.

Je te vais cependant conduire en ta demeure ;
De là, je reviendrai choisir plus à propos
L'occasion commode à lui dire deux mots.

Scène 3

Iante, Iphis

IANTE

Faire ainsi le secret, s'obstiner à me taire
Le sujet qui te rend moins gai qu'à l'ordinaire ;
Ne me pas révéler ce qui te tient au cœur ;
Traiter une maîtresse avec tant de rigueur,
Elle à qui tu jurais que toutes tes fortunes
Comme à toi lui seraient égales et communes.
En me donnant ton cœur, tu m'as donné du vent.
Appelle-moi ta reine ainsi qu'auparavant ;
C'est une qualité désormais superflue.
Ma volonté sur toi n'étant pas absolue,
Je n'ai voulu jamais en douter jusqu'ici.

IPHIS

Hélas ! Vous me tuez de me parler ainsi.
Si vous continuez d'en faire l'incertaine,
Par ce fâcheux discours, votre voix inhumaine,
Me donnant le trépas, fera cruellement
Ce qu'un trait de vos yeux me fait si doucement.
Vous ne douterez pas toujours, ma chère vie,

Des transports amoureux dont mon âme est ravie,
Et vous verrez peut-être avant la fin du jour
Comme Iphis est pour vous un miracle d'amour.
Vous verrez dans l'excès du mal qui m'assassine
Que l'on peut trop aimer une chose divine
Et vous m'accuserez, ayant reçu ma foi,
De chérir vos beautés plus que je ne le dois.

IANTE

Ce n'est point m'élever par de fausses louanges
Ni flatter mon mérite en ces termes étranges
Dont l'usage est commun aux autres amoureux.

IPHIS

Vous apprendrez aussi qu'Iphis n'est pas comme eux ;
Si je n'imite pas leurs flammes insensées,
Mon cœur ingénument découvre ses pensées.
Si je ne donne assez d'encens à vos appâts,
Mon âme pour le moins ne se déguise pas.

IANTE

Ta franchise me plait ; je ne tiens point à blâme
D'avoir moins de beauté que ton cœur n'a de flamme.
Je sais...

IPHIS

Qu'il ne faut pas en venir là-dessus,
Votre mérite est grand...

IANTE

Mais ton amour l'est plus ?

IPHIS

Vous n'en jugez pas mal.

IANTE

Qu'elle serait petite
Si tu la mesurais à mon peu de mérite.
Il suffit que l'amour nous oblige tous deux
En mérite inégaux d'avoir de mêmes feux.
Tu soupires ; dis-moi le secret qui te fâche.
Quoi ! Peux-tu rien savoir que ton cœur ne le sache ?
Paraître aujourd'hui triste, est-ce être bien content
De la félicité que tu désirais tant ?
As-tu vu depuis peu quelque nouveau visage ?
Es-tu mal satisfait de notre mariage
Et de voir que rien plus ne le peut différer ?
Est-ce l'occasion qui te fait soupirer ?
Par le sacré pouvoir de ce dieu qui nous lie,
Apprends-moi le sujet de ta mélancolie.

IPHIS

Il est vrai, je soupire.

IANTE

Et quoi ?

IPHIS

De me voir
Indigne de l'honneur que je vais recevoir.
Mille amants que l'éclat de vos grâces transporte
En disputaient le prix et le moindre l'emporte.
L'amour m'a suscité tant de parfaits rivaux
Et je les ai vaincus avec tous mes défauts.

IANTE

En êtes-vous marri ?

IPHIS

Vous le savez, mon âme,
Et pour en bien juger vous connaissez ma flamme.
Vous savez que mon cœur en doit être marri
Comme un qui se mourait et qui se voit guéri.
J'ai regret seulement que l'aimable hyménée
Qui me va rendre heureux vous rende infortunée
Et que, nous assemblant sous une même loi,
Ce nœud qu'on tient si doux ne le soit que pour moi.
Je connais ma faiblesse et je me sens coupable
D'accepter un trésor dont je suis incapable.
Et, pour n'en point mentir, je ne mérite pas,
Imparfait que je suis, de si parfaits appâts.

IANTE

Tu veux par ces détours chercher une défaite,
Mais tu n'es imparfait qu'en me jugeant parfaite.

Et puisque je t'ai fait l'objet de mes amours,
Fusses-tu moins que moi, je t'aimerais toujours.
Si le ciel t'épousant veut que je sois dupée,
N'importe : tu m'auras heureusement trompée.
Et quand je deviendrai malheureuse en ce point,
Si je la[19] suis pour toi, je ne m'en plaindrai point.
Nos cœurs furent atteints d'une même blessure
Et, ne nous pas aimer, c'est forcer la nature.
Ta personne me charme et je n'ai pas de peur
Que chez toi le dedans trompe l'extérieur.
Mais j'en dis un peu trop et je ne prends pas garde
Qu'en ces libres discours, mon honneur se hasarde.
Et puis le temps se passe et dans cet entretien
Ton père ne fait pas l'accord avec le mien.

IPHIS

Je m'en vais le quérir ; je meurs d'impatience.
Mais devant qu'un baiser.[20]

IANTE

Prends-en deux par avance.

---

19. "L'a" in the original.
20. That is, "Mais avant, un baiser."

Scène 4

Ergaste, Iante, Iphis

ERGASTE *les voyant s'entre-baiser*

Il[21] s'est bien adressé pour marier sa sœur ;
Comme si j'en voulais être le possesseur !
Mais voici notre amant qui baise sa maîtresse ;
Elle reçoit de lui la dernière caresse.
Cette nuit lui promet de bien meilleurs ébats,
Mais tout ce qu'elle espère, elle ne le tient pas.

IANTE

Ramenez votre père au plus tard dans une heure.

IPHIS

Mon feu ne permet pas une longue demeure.

Scène 5

Ergaste, Iphis

ERGASTE *l'abordant*

Si bien, mon cher Iphis, qu'un favorable jour,
Après tant de soupirs, couronne votre amour ?
On vous donne aujourd'hui la merveille des belles ?
Vraiment je suis ravi de ces bonnes nouvelles.
Je savais, comme l'un de vos chers confidents,

21. Here, Ergaste refers to Nise.

Que c'était là l'objet de vos désirs ardents,
Que votre maladie était trop violente
Pour en guérir à moins que d'épouser Iante.
Je savais que vos vœux ne butaient qu'à cela,
Mais je ne pensais pas qu'on en vînt si tôt là
Et je ne puis avoir qu'une faible croyance
Si vous ne m'en donnez vous-même l'assurance.
Enfin, l'épousez-vous ?

IPHIS

Le sort le veut ainsi.

ERGASTE

Mais vous ?

IPHIS

C'est mon désir.

ERGASTE

Je m'en doutais aussi.

IPHIS

Sa beauté me ravit.

ERGASTE

Vraiment, étant si belle,
Elle mérite bien qu'Iphis brûle pour elle.

IPHIS

N'en fais point le railleur et dis-moi si jamais
Tu vis rien d'approchant au moindre de ses traits.

ERGASTE *en soupirant*

Je vous vois tous les jours.

IPHIS

Mais dis-moi si ton âme
Sentait comme la mienne une amoureuse flamme ?
Ou plutôt, si l'objet dont mon cœur est charmé
T'aimait autant ou plus que je n'en suis aimé ?
Si l'aise qu'elle aurait de se voir ta maîtresse
Témoignait à tes yeux le désir qui la presse ?
Dis-moi, sans avoir peur de me rendre jaloux,
Combien l'aimerais-tu ?

ERGASTE

Je meure, moins que vous.

IPHIS

Quoi ! Tu n'aimerais pas celle que je révère
D'un amour infini ? Ton cœur dit le contraire.
Ce soupir te trahit ; autrement je te crois
Plus farouche qu'un tigre et moins homme que moi.

ERGASTE

Je dis que mon amour serait plus véhémente
Pour le gentil Iphis que pour la belle Iante.

IPHIS

Ou[22] bien ton amitié.

ERGASTE

Je me brouille toujours
Dans ces distinctions d'amitiés et d'amours.
Quoi qu'il en soit, mon cœur voudrait pour toute chose
Que le ciel fît en vous une métamorphose
Afin que je vous pusse aimer d'autre façon.
Aussi bien, êtes-vous trop beau pour un garçon.
Nature, qui se plut à vous rendre adorable,
Devait vous faire naître ou fille ou moins aimable,
Et vous ayant donné de quoi faire mourir,
Elle vous devait bien donner de quoi guérir.
J'eusse brulé pour vous d'un feu plus légitime
Et mon cœur n'eût été pour vous qu'une victime.
Au péril d'irriter le céleste courroux,
Je n'eusse reconnu de déesse que vous.
Mais m'eussiez-vous aimé ?

IPHIS

Que ces soins sont frivoles
Et que c'est perdre en vain le temps et des paroles !
Discourons sainement ; trouvais-je un bon parti ?

22. "Oüy" in the original.

ERGASTE

On n'en verra jamais qui soit mieux assorti :
N'est-ce pas la raison, puisqu'Iante est si belle,
Qu'un amant accompli comme Iphis soit pour elle ?
Que vous serez heureux ensemble et que les jours,
Les semaines, les mois, les ans, vous seront courts !
Je ne fais point de vœux afin que l'hyménée
Suscite à vos désirs une heureuse lignée.
Le ciel accordera des trésors si parfaits
À vos embrassements, plutôt qu'à mes souhaits.
Et comme en discourant vous rendez des oracles,
En faisant des enfants, vous ferez des miracles.
Mais, adieu, je vous laisse à la merci d'Amour,
Et dormez hardiment cependant qu'il est jour.
Cette nuit favorable au feu qui vous consomme
Sera pour le travail plutôt que pour le somme.

Scène 6

IPHIS *seule*

Les traits de ce railleur me tiennent en suspens ;
Ce n'est pas sans sujet qu'il rit à mes dépens.
Mon esprit soupçonneux est dans la défiance ;
Sa sœur avec ma mère a de la confidence :
Elle sait nos secrets, ainsi par son moyen
J'ai peur que ce rusé ne me connaisse bien.
Je lui parle en ami, mais cet ami me presse

Autant qu'un serviteur peut presser sa maîtresse :
À mes yeux il soupire et demeure interdit
De même qu'un amant que la honte étourdit.
L'amitié la plus forte, avec tant d'insolence,
Ne porte point un homme à cette violence.
Et si j'en puis juger, mon esprit sur le sien
A le même pouvoir qu'Iante a sur le mien.
Étrange effet d'amour ! Je meurs pour cette belle
Et cependant, hélas, je suis fille comme elle !
J'adore ses beautés, qu'on ne peut trop priser,
Je suis fille, elle est fille, et je dois l'épouser.
Ha ! Déplorable Iphis ! Iante infortunée !
Qui pourra de nous deux consommer l'hyménée ?
Quoi ! Ce trésor charmant serait entre mes bras,
Je le posséderais, et n'en jouirais pas ?
Quoi ! Je tiendrais l'objet dont mon âme est éprise
Et j'userais si mal d'une faveur acquise ?
Quoi ! Le ciel me rendrait sans éteindre mes feux,
De bienheureux amant, possesseur malheureux ?
Quoi ! Je m'endormirais auprès de cette belle
Et je ne ferais pas l'impossible pour elle ?
Je serais inutile en un si digne emploi ?
Non, la bonne déesse aura pitié de moi.

ACTE 3

Scène première

Mérinte, Nise

MÉRINTE

En un mot, que je sache ou ma mort, ou ma vie.
Ne me fais plus languir ; contente mon envie ;
Empêche mon naufrage ou me laisse périr.
Sois-moi doux ou cruel ; fais-moi vivre ou mourir ;
Dis-moi si ta prière a touché son courage,
S'il s'est laissé fléchir.

NISE

Que veux-tu davantage ?
Ne t'ai-je pas tout dit ?

MÉRINTE

Tu m'as voulu flatter
Par ce que tu me viens maintenant de conter.
Dire que mon amour est cause de sa joie,
C'est en dire un peu trop pour vouloir qu'on te croie.

N'ayant su l'émouvoir, tu veux dissimuler
Et sucrer le poison qu'il me faut avaler.

NISE

Je meure si je mens, et si je dissimule,
À la fin, c'est te rendre un peu trop incrédule.

MÉRINTE

Traite-moi, je te prie, avec moins de rigueur
Et de ce que tu sais décharge ici ton cœur.
Quand j'aurai su de toi que ce cruel méprise
Le présent que mon cœur lui fait de sa franchise,
Que mes soupirs sont vains, qu'ils n'ont aucun pouvoir
Et que c'est un rocher qu'on ne peut émouvoir,
Un cœur à la pitié comme à l'amour rebelle,
Tu ne m'auras conté qu'une vieille nouvelle.
Et quand tu m'auras dit qu'il refuse ma foi,
Hélas ! Mon désespoir me l'a[23] dit devant[24] toi
Et je n'attendais pas de meilleure fortune.

NISE

Avecque ton amour, tu deviens importune.

MÉRINTE

Je deviens importune ? Il s'en plaint le cruel ?
Ses yeux me font souffrir un mal continuel.

---

23. "La" in the original.
24. That is, "Avant."

Je trouve du plaisir à me voir malheureuse
Pour l'avoir fait l'objet de ma flamme amoureuse.
Je l'aime, je l'adore et l'inhumain qu'il est
Se moque de mes vœux ; mon amour lui déplaît.
Jusqu'ici ma douleur a gardé le silence :
J'ai voulu l'étouffer malgré sa violence.
Et la première fois qu'on lui parle de moi,
Il me nomme importune et rejette ma foi.
Ce beau tyran nous blesse et veut même contraindre
Ceux qui sentent ses coups à ne s'en oser plaindre.
Hé bien ! Il faut mourir pour n'importuner plus
Ce farouche qui rend mes désirs superflus.
Il sera bien cruel, me voyant rendre l'âme,
S'il ne me permet pas de parler de ma flamme.
Et le mépris qu'il a pour moi sera bien grand,
Si mon dernier soupir l'importune en mourant.

NISE

Je pense qu'à la fin l'amour te rendra folle ;
Alors que tu dois rire, il faut qu'on te console.
C'est moi seul qui me plains de l'importunité
Et de voir une sœur toujours à mon côté.
Je te l'ai dit cent fois et te le dis encore
Qu'il te chérit autant que ton âme l'adore.

MÉRINTE

Hélas ! S'il[25] était vrai, que j'aurais de bonheur !

NISE

Ton amour le ravit et le comble d'honneur :
Si ton cœur lui semblait une vile conquête,
Pouvait-il pas trouver quelque prétexte honnête
Et, rejetant tes vœux par un beau compliment,
Te réduire à chercher ailleurs un autre amant ?
Il pouvait m'alléguer qu'il n'avait pas envie
Que jamais un bel œil tînt son âme asservie.

MÉRINTE

Il pratique trop bien l'art de plaire à la cour
Pour faire ouvertement refus de mon amour.
Il est trop courtisan pour dire avec franchise
Qu'il ne veut point du tout de celle qu'il méprise.
Encore qu'à ses yeux je n'eusse aucun appât
Et qu'il ne pût m'aimer, il ne le dirait pas.
Un dédain sur sa langue aurait mauvaise grâce.
Il faut crier au feu quand on est tout de glace,
Caresser qui nous aime et se contraindre un peu
Pour faire bonne mine au moins à mauvais jeu.
Il ne coûte non plus de feindre que l'on aime
Que de faire paraître une rigueur extrême.
Et cette complaisance en ces facilités

25. "Cela."

Oblige un honnête homme à ces civilités.
Ce n'est qu'un compliment que toutes ses promesses ;
Il n'est pas plus captif pour avoir cent maîtresses.
Son feu ne dure pas plus que son entretien
Et ce divin objet qui me charme si bien
Est de ces gens instruits dans les noires écoles
Qui ne veulent guérir qu'avecque des paroles.

NISE

À t'entendre parler si considérément,
Tu ne dois ton malheur qu'à ton raisonnement ;
Ton esprit en soupçon et dans la défiance,
Aurait plus de repos, ayant moins de prudence.
Pour quelle occasion ne t'aimerait-il pas ?
Ton visage n'est point si dépourvu d'appâts.
Quand[26] tu l'épouserais, encor' ce mariage
Ne serait point si fort à son désavantage.
Sur quoi peux-tu fonder ces soupçons de mépris ?
Crois-tu qu'un autre objet que le tien l'ait surpris ?

MÉRINTE

Mon frère, vous touchez le sujet de ma crainte.

NISE

Est-ce là tout le mal dont ton âme est atteinte ?
Son cœur ne connaît point l'amour ni son flambeau.

26. In this context, "quand" means "dans le cas où" or "même si."

MÉRINTE

Mais, mon frère, il est homme, il est jeune, il est beau ;
Il est bien malaisé qu'avecque tant d'adresse
Il n'ait déjà gagné le cœur d'une maîtresse
Et qu'un heureux objet n'ait triomphé du sien.

NISE

S'il a changé son cœur, c'est avecque le tien
Et c'est toi seulement qu'il veut pour son épouse.

MÉRINTE

Je n'ai point de rivale et si[27] je suis jalouse ;
Je sens cette fureur qui me donne la loi.[28]

NISE

Sois seulement jalouse ou d'Iphis ou de moi.
Encore que ta flamme ait pu fondre ses glaces,
Nous sommes bien avant dedans ses bonnes grâces.
Et tu peux t'assurer, s'il n'est point amoureux,
Et s'il ne t'aime pas, qu'il n'aime que nous deux.
Cette amitié vaut bien l'amour le plus extrême.
Mais le voici qui vient.

MÉRINTE

Mon frère, c'est lui-même.

---

27. "Pourtant."
28. That is, "qui m'impose sa loi."

NISE

Retiens ta passion et dissimule un peu.

MÉRINTE

Dieux ! Que j'aurai de peine à bien couvrir mon feu !

Scène 2

Ergaste, Nise, Mérinte

ERGASTE *pensant être seul*

C'est tenir trop longtemps mon esprit en balance ;
Les secrets étouffés ont trop de violence.

NISE *le surprenant*

Tu dis vrai. C'est pourquoi fais-nous part d'un secret
Que ton cœur aussi bien ne cache qu'à regret.

ERGASTE

Je me lasse à la fin de voir la tromperie
Et le déguisement régner dans ma patrie ;
Et je veux, par pitié, détromper les esprits
Que la ruse et l'erreur ont vainement surpris.

MÉRINTE *tout bas*

Cruel ! Si mon amour t'avait l'âme occupée,
Hélas ! Que tu m'aurais doucement détrompée !

NISE

Tes discours embrouillés me rendent curieux
Et je n'y comprends rien, s'ils ne s'expliquent mieux.

ERGASTE

Ami, tu sauras tout, mais allons chez Téleste ;
C'est où j'ai résolu de t'apprendre le reste :
Sa fille épouse Iphis ; là, tu verras l'effet
D'un discours dont tu n'es qu'à demi satisfait.

NISE

Allons-y : je vois bien que ma sœur se hasarde
De nous accompagner ; je te la baille en garde.

ERGASTE

C'est me faire un honneur où je n'aspirais pas.

NISE

Allez toujours devant ;[29] je vous suis pas à pas.
[se parlant tout bas]
Les compliments d'amour vont être en exercice.
Que c'est mal commencer une offre de service :
Il ne lui parle point. À la fin je croirais
Qu'un transport amoureux lui suffoque la voix.
Il se va mettre en train ; mais Iante est sortie.
Ce froid amant peut bien remettre la partie.

---

29. "Avant moi."

Scène 3

Iante, Ergaste, Nise, Mérinte

IANTE *allant les recevoir*

Vous venez à propos ; on n'attend plus que vous
Pour rendre solennel ce qui se fait chez nous.

ERGASTE

Quand nous ne verrions pas cette noce nouvelle,
L'action de soi-même est assez solennelle.
Elle est trop peu commune et ce nouveau traité,
Pour se tenir secret, a trop de rareté.
Mais quel contentement doit occuper votre âme !
Que d'un parfait mari vous allez être femme !
Que l'amoureux Iphis est un homme charmant !
Que c'est un brave époux, que c'est un bel amant !
Quoi que sa bonne mine[30] à vos beaux yeux propose,
Vous verrez à l'effet que c'est bien autre chose.
Et malgré les mieux faits, vous direz aujourd'hui
Que le plus accompli n'est pas fait comme lui.

NISE

Nous ne l'égalons pas aussi tant[31] que nous sommes ;
Madame épouse en lui la merveille des hommes.

30. "Quoi que propose son apparence [physique] à vos beaux yeux."
31. That is, "tels que nous sommes."

MÉRINTE

Il est digne tout seul de posséder son cœur ;
Elle doit bien l'aimer.

IANTE

Je l'aime aussi, ma sœur.

ERGASTE *en riant*

Je l'aime autant que vous.

IANTE

Aucune jalousie
Ne peut de ce côté troubler ma fantaisie.

ERGASTE

Encor'[32] quel sentiment auriez-vous de mon mal
Si dans l'amour d'Iphis j'étais votre rival ?
Je ne vous tiendrai point plus longtemps en cervelle :
Sachez qu'Iphis est fille et que je meurs pour elle.

IANTE

Oh, le plaisant discours !

ERGASTE

Vous pensez que je ris
Et que ma voix vous trompe et non l'habit d'Iphis ?

32. That is, "Mais encore."

IANTE

Vraiment l'humeur d'Ergaste et sa belle manie
Vont bien faire tantôt rire la compagnie.

Scène 4

Téleste, Ligde, Iante, Ergaste, Nise, Mérinte

TÉLESTE *à Ligde*

Je vous ai déjà dit que c'était mon dessein,
Qu'il valait mieux le faire aujourd'hui que demain ;
C'est pourquoi, s'il vous plaît, la fin de la journée
Achèvera l'accord d'un si bel hyménée.

LIGDE

Je vous suis venu voir tout exprès pour cela.

TÉLESTE

Qu'Iphis épouse donc ma fille que voilà.
Votre consentement s'accorde-t-il au nôtre ?

LIGDE

Je vous ai déjà dit qu'il n'en aura point d'autre.

TÉLESTE

Que ne l'ameniez-vous[33] et votre femme aussi ?

33. That is, "Pourquoi ne l'avez-vous pas amené."

LIGDE

Et la mère et le fils seront bientôt ici.
Quand nos enfants seront sous la loi d'hyménée,
Le ciel rende[34] à jamais leur maison fortunée.
Que l'astre le plus doux et le moins rigoureux
Éclaire incessamment sur ce couple amoureux ;
Que jamais le bonheur de chez eux ne s'absente
Et qu'il sorte un bon fruit de leur couche innocente.

ERGASTE

Que vous aurez d'appui sur la fin de vos ans
Et que je suis trompé s'ils n'ont de beaux enfants !

TÉLESTE

Que le ciel favorable aux souhaits de Téleste
Éloigne de leurs jours tout accident funeste
Et que sur leur famille il verse à pleines mains
Les faveurs dont sa grâce enrichit les humains.

NISE

Qu'ils passent loin des maux tous les degrés de l'âge ;
Qu'un désordre jamais ne trouble leur ménage ;
Que la paix soit chez eux ; qu'ils soient loin des ennuis
Et que les jours leur soient aussi doux que les nuits.

34. Here, Benserade opted to omit the exclamatory *que* at the beginning of the verse to maintain the twelve-syllable count of the alexandrine.

MÉRINTE

Quels vœux nouveaux faut-il que ce beau couple espère ?
Vous en avez tant fait que je n'en puis plus faire
Et je ne leur saurais donner d'autres souhaits
Que pour voir arriver ceux que vous avez faits.

ERGASTE

Que le ciel qui connaît les choses plus secrètes
Vous dessille les yeux pour voir ce que vous faites.
C'est là tout le désir dont mon cœur est touché.
Un péché d'ignorance est toujours un péché.
Dans ce projet funeste où l'enfer vous engage,
Vous allez faire un crime au lieu d'un mariage.
La nature et l'amour choquent tous vos efforts.

TÉLESTE

Qui nous empêcherait d'achever nos accords ?

ERGASTE

Il suffit qu'on ne peut les marier ensemble.

TÉLESTE

Je pense qu'il est fou, Ligde, que vous en semble ?

IANTE

Vous devez me chercher[35] ailleurs quelque parti
Qui soit au gré d'Ergaste un peu mieux assorti.

35. "Cercher" in the original.

TÉLESTE

Ergaste, qu'avez-vous à voir dans ma famille ?
Êtes-vous absolu sur l'esprit de ma fille ?
Avez-vous entrepris de régir mes vieux ans ?
Le ciel vous a-t-il fait père de mes enfants ?
Ma fille m'appartient ; qu'y[36] pouvez-vous prétendre ?
Vous avais-je promis que vous seriez mon gendre ?
La voulez-vous ravir et m'ôter le pouvoir
Que mon titre me donne afin de la pourvoir ?

ERGASTE

Ce n'est pas mon dessein.

TÉLESTE

Vous ne le sauriez faire.

IANTE

Vous n'avez pas sujet de vous mettre en colère.
Quand vous saurez le mal dont Ergaste est touché,
Vous vous repentirez de vous être fâché.
Je ne suis point l'objet qui lui chatouille l'âme,
Mais c'est plutôt celui dont je dois être femme.
Il brûle pour Iphis d'un feu désordonné.

LIGDE

Le trait n'est pas mauvais.

36. That is, "à quoi pouvez-vous prétendre ?"

TÉLESTE

J'étais bien étonné.

MÉRINTE

Mon frère, enfin ce jeu me donne de la crainte.

NISE

Il dure un peu longtemps pour n'être qu'une feinte.

LIGDE

Tellement donc qu'Ergaste est amoureux d'Iphis ;
Il veut être mon gendre, et si,[37] je n'ai qu'un fils !

ERGASTE

Que nature est aveugle ! Un père méconnaître
Ce qui lui doit le jour, c'est bien cesser de l'être.
Agissez mûrement en cette affaire-ci :
Songez qu'Iante est fille et qu'Iphis l'est aussi.
Par le respect sacré qu'on doit au mariage,
Dont l'une et l'autre abuse à son désavantage,
Par les beaux yeux d'Iphis qui m'ont ravi le cœur,
Ne passez pas plus outre.

LIGDE

Il est de belle humeur.

37. That is, "et pourtant, je n'ai qu'un fils !"

TÉLESTE

Certes, quand il aura consulté les bouteilles,
Nous sommes assurés qu'il dira des merveilles.

IANTE

Son discours est si fort dans la naïveté
Qu'à l'entendre on croirait qu'il dit la vérité.

MÉRINTE

C'est en vain que j'espère au mal qui me transporte.

NISE

Ergaste, il n'est plus temps de railler de la sorte :
Il faut voir quel projet vous avez dans le sein.
Le faites-vous pour rire ou si c'est à dessein
Et pour rompre l'accord d'un certain mariage
Dont vous m'avez laissé votre parole en gage ?
Il faut ratifier devant tous nos amis
Ce qu'en secret tous deux nous nous sommes promis
Et déclarer tout haut sur le choix d'une femme
La résolution que vous avez dans l'âme.

ERGASTE

Apprenez en deux mots que je n'aime qu'Iphis,
Que pour elle je meurs, que pour elle je vis,
Qu'Amour et les destins m'ont fait naître pour elle
Et que malgré la mort je lui serai fidèle.

MÉRINTE

Traître ! C'est donc ainsi que, faisant le gausseur,
Tu te moques du frère et te ris de la sœur ?
Il faut que mes ardeurs s'éteignent dans mes larmes,
Que ton discours me blesse aussi bien que tes charmes.
Tu veux que pour accroître et ma honte et mes maux,
Faisant voir mon amour, je montre mes défauts.
Oui, j'aimais cet ingrat ; je ne suis point honteuse
De le nommer l'objet dont j'étais amoureuse.
Il fut le premier temple où je vouai mes feux
Et le dernier autel qui recevra mes vœux.

ERGASTE

Depuis longtemps, Madame, une beauté m'engage :
Verriez-vous de bon œil un perfide, un volage ?
Vous ne pourriez m'aimer après un tel affront,
Mais si j'avais deux cœurs vous auriez le second.

MÉRINTE

Il faudrait pour te croire être bien insensée
Puisqu'une autre que moi règne dans ta pensée.
Va, trompeur ! Va, parjure, adorer ses appâts !

IANTE

Quoi, vous l'aimiez, Mérinte, et vous n'en parliez pas ?

NISE

À la pareille, Ergaste, indigne qu'on te nomme.

ERGASTE

Si tu te sens piqué, tu connais bien ton homme.

NISE

Vraiment, tu ne pouvais parler plus à propos.
Dans une heure d'ici nous nous dirons deux mots.

TÉLESTE

Ne vous querellez point, mais passons la journée
Dans les contentements dûs à cet hyménée.
Et puis l'honnêteté ne vous peut dispenser
De signer au contrat que nous allons passer.

ERGASTE

Quoi, que mon seing approuve une telle injustice ?
Me préserve le ciel d'en paraître complice.
Je vais plutôt m'ouvrir les veines de ce pas
Pour signer de mon sang l'arrêt de mon trépas.
Incrédules vieillards, le respect de votre âge
Fait que je vous pardonne un si sensible outrage ;
Sans cela, je pourrais accourcir[38] vos vieux ans.

LIGDE

Rentrons. C'est tout de bon qu'il a perdu le sens.

38. Archaic form of *raccourcir.*

Scène 5

ERGASTE *resté seul*

Oui, j'ai perdu le sens en perdant ma maîtresse.
Tout mon esprit succombe au fardeau qui l'oppresse
Et dans l'extrémité de mon cruel tourment,
Je serais insensé d'avoir du jugement.
Puisque je perds Iphis et qu'elle m'est ravie,
Il ne me reste plus à perdre que la vie.

Acte 4

Scène première

Iphis, Iante, dans une chambre

IPHIS

Ne me contraignez point de vous le révéler.
Mon cœur, permettez-moi de mourir sans parler.
Je ne vous puis cacher et ne vous ose dire
Le sujet important qui fait que je soupire.
Je vous aime. Souffrez que je ne vive plus
Afin qu'après ma mort vous sachiez le surplus.
Recevez de ma flamme une si belle preuve.
Vous êtes mon épouse et vous serez ma veuve.
Hélas ! C'est à ce coup que nous sommes unis.
Mes désirs et vos maux deviendront infinis.

IANTE

Maintenant votre plainte est vaine et superflue
Puisque vous voyez bien que l'affaire est conclue,
Puisque le mariage est un nœud gordien[39]

39. From an ancient Greek legend, refers to a knot that cannot be untied.

Que la mort seulement peut couper ce lien
Et puisque jusqu'ici vous avez voulu feindre,
Il est temps de souffrir plutôt que de se plaindre.
Si vous n'aviez dessein de me donner la foi,
Si c'était seulement pour vous rire de moi,
Si votre âme s'était faussement embrasée
À dessein seulement de me voir abusée
Afin de mieux piquer l'objet de vos mépris,
Il fallait vous garder d'être vous-même pris.
Si nous sommes unis d'une étroite alliance,
C'est par votre malheur ou par votre imprudence.
Vous feignez de m'aimer et, sur ce beau semblant,
Je ressentais pour vous un amour violent.
Quand vos discours fardés me chatouillaient l'oreille,
Je devais seulement vous rendre la pareille ;
Mais j'ai voulu payer jusques[40] au dernier point
D'un véritable amour, un qui ne l'était point.
Aussi j'eusse juré que bien loin de la feinte,
Vous ressentiez le mal dont j'avais l'âme atteinte
Et que dans le désir de vous voir mon époux,
Vous languissiez pour moi, comme je fais pour vous.
Mais vous donnant à moi, ce chagrin m'est un signe
Que d'un si beau présent vous me jugez indigne.
Dans la condition où nous sommes tous deux,

40. Modern French would use *jusqu'au*; however, Benserade uses the form "jusques au" to adhere to the alexandrine meter.

Je n'ai que ce malheur de vous voir malheureux
Et je voudrais quasi que vous pussiez reprendre
Un cœur que sans le mien je ne vous saurais rendre.

IPHIS

Quoi ! Doutez-vous qu'Iphis n'adore vos appâts ?
Ha ! Si vous m'aimiez bien, vous n'en douteriez pas.
Souffrez que pour bannir votre importun scrupule
Je vous montre mon cœur : vous verrez comme il brûle.
Permettez que mes mains l'arrachent à l'instant ;
Vous verrez qui vous aime et je mourrai content.
Vous saurez un secret difficile à comprendre ;
Vos yeux verront un cœur qu'ils ont réduit en cendre,
Un cœur que vos regards ont déjà consommé,
Qui vous eût aimé plus s'il vous eût moins aimé,
Un cœur que la nature a fait contraire aux autres
Et qui seul est l'auteur de mes maux et des vôtres.

IANTE

Je crois que vous pleurez.

IPHIS

Mon souci, par ces pleurs
Apprenez le sujet de mes justes douleurs.
Que mes yeux fassent voir qu'au défaut de ma bouche
Ils peuvent découvrir le souci qui me touche.
Dire que je vous aime en l'état où je suis

Et baiser ce beau sein, c'est tout ce que je puis.
O dieux ! Permettrez-vous, pour accroître ma peine,
Que je meure de soif auprès d'une fontaine ?[41]
Verrai-je devant moi des mets si délicats
Et s'ils me sont servis, n'en goûterai-je pas ?
Tiendrai-je dans mes bras la plus belle du monde
Et serai-je auprès d'elle un Tantale[42] dans l'onde ?
Hélas ! Chère moitié, car mon titre d'époux
Vous donne celui-ci, que je souffre pour vous.

IANTE

Je souffre encore plus parmi l'incertitude
Du sujet qui vous met dedans l'inquiétude,
Et le désir que j'ai de savoir votre mal
Fait sentir à mon cœur un tourment sans égal.
Dites-moi ce secret de même que les autres ;
Ce sont mes intérêts puisque ce sont les vôtres.
Si l'affaire vous touche, elle me touche aussi
Et mon âme doit prendre une part au souci.
Encore,[43] qui vous rend si triste et solitaire ?
Iphis, est-ce avec moi que vous devez vous taire ?

41. This metaphor is commonly used in medieval poetry by authors such as François Villon and Charles d'Orléans.

42. Tantalus was punished by the gods for attempting to appear as their equal during a banquet he offered them. As a punishment, they displayed objects he desired within his reach but that remained elusive. Tantalus thus symbolizes unfulfilled desire.

43. That is, "Aussi."

Étant votre moitié, votre cœur en ce cas
Ne sait rien qu'à demi, quand je ne le sais pas.
Révélez un secret à celle qui vous aime ;
Me l'apprendre, aussi bien, c'est l'apprendre à vous-même,
Et je vous aime trop pour ne point partager
Au triste événement qui vous vient affliger.

IPHIS

Hélas ! Ne sauriez-vous lire dans ma pensée
L'étrange mouvement de ma flamme insensée ?
Mon cœur par des soupirs peut-il s'expliquer mieux
Et le mal qui me tient n'est-il pas dans mes yeux ?
Nous sommes mariés et la nuit favorable
Abandonne à mes vœux un trésor adorable.
Nos parents réjouis nous laissent en ce lieu
Pour n'interrompre pas les mystères d'un dieu.
L'hymen qui convertit le crime en innocence
À mes jeunes désirs donne toute licence.
J'aime et si je possède,[44] en ce retardement
Ne vous doutez-vous pas de mon secret tourment ?
J'en dis trop et je veux que le moment funeste
Qui me fera mourir vous apprenne le reste.
Noire sœur du sommeil, termine mes ennuis
Ou bien fais que je sois ce qu'on croit que je suis.

44. In other words, "J'aime, et tandis que je vous possède."

Scène 2

Ergaste, domestique de Téleste[45]

ERGASTE

Quoi, tout est-il conclu ?

DOMESTIQUE

C'est bien ce qui me semble.
À l'heure que je parle, ils sont couchés ensemble.

ERGASTE

Déjà ! C'est de bonne heure ! Un si violent feu
Ne leur permettait pas d'attendre encore un peu.
Comment s'est achevé ce plaisant mariage ?
En est-on bien joyeux ?

DOMESTIQUE

On ne peut davantage.
Je crois que tout le monde en rend grâce au destin.
Qui ne rit pour la noce, il rit pour le festin.

ERGASTE

Dis-moi comment l'affaire enfin s'est terminée
Et comment les parents ont conclu l'hyménée.

DOMESTIQUE

Ils se sont assemblés chez Téleste et d'abord,

45. The original text neglects to mention this character at the beginning of the scene.

Comme ils le désiraient, on a passé l'accord.
Toute la compagnie a donné témoignage
Qu'elle approuvait aussi ce nouveau mariage,
Et les pères en ont rajeuni de vingt ans.

ERGASTE

Les nouveaux mariés étaient-ils bien contents ?

DOMESTIQUE

Oui, mais à mon avis le mari dans son âme
N'était pas si content que sa nouvelle femme.
Son esprit paraissait chargé de quelques soins :
Il devait l'être plus et semblait l'être moins.
Et quand il a fallu, comme veut la coutume,
Qu'il ait, pour consentir, mis la main à la plume,
Un soupir échappé m'a fait voir tout de bon
Que c'était à regret qu'il écrivait son nom.
Je n'en veux pas pourtant faire un mauvais présage ;
Ils sont gens, ce me semble, à faire bon ménage.
Son cœur impatient de voir la fin du jour
A peut-être envoyé ce soupir à l'amour.

ERGASTE

Mais la mère d'Iphis s'est-elle aussi trouvée
Sur le point que l'affaire allait être achevée ?[46]

46. This should be understood as, "Mais la mère d'Iphis se trouvait-elle là au moment où l'affaire allait être achevée ?"

DOMESTIQUE

On ne pensa jamais la faire consentir.
Elle les menaçait d'un soudain repentir,
Alléguant que les dieux n'avaient pas agréable
Que l'on fît cet hymen qui n'était pas sortable
Et que ce mariage était accompagné
Des malheurs les plus grands.

ERGASTE

Mais a-t-elle signé ?

DOMESTIQUE

Ligde la menaçant, elle a fait par contrainte
Ce qui doit être libre en une action sainte
Et n'a pu s'empêcher qu'elle n'ait protesté
Qu'on la faisait signer contre sa volonté.

Scène 3

ERGASTE

Va ! Je n'en sais que trop. Ha, ciel ! Est-il possible
Que je ne meure point et que je sois sensible ![47]
Je souffre une douleur bien digne du trépas
Et je suis immortel puisque je n'en meurs pas.
Ô mort inexorable ! Ai-je longtemps à vivre

47. That is, "Est-il possible que je ne meure point et que je puisse être toujours en vie ?"

Au[48] sanglant désespoir que le destin me livre ?
Amour, toi qui te plais à me traiter si mal,
Ou rends-moi ma maîtresse ou me donne un rival.
De grâce, ne fais point le sourd à ma parole !
L'un des deux me ravit ou du moins me console.[49]
Si tu veux me guérir d'un si fâcheux tourment,
Qu'elle soit en effet ce qu'elle est faussement
Et que le changement de son sexe infidèle
Me fasse aussi changer l'amour que j'ai pour elle.
Mais puis-je supplier un ennemi si faux ?
Dois-je attendre du bien de l'auteur de mes maux ?
Les dieux sont contre moi ; tout tâche à me détruire ;
Amour force ses lois à dessein de me nuire
Et ce cruel devient si contraire à mes vœux
Qu'il se rend criminel pour me voir malheureux.

Scène 4

Nise, Ergaste

NISE

Mon dessein a vaincu toute leur défiance.
Je me suis échappé malgré la vigilance
Des Argus[50] dont les yeux épiaient mon départ.

48. That is, "Avec ce sanglant désespoir."

49. This should be understood as, "Un des deux [choix] me rend heureux ou, au moins, il me console."

50. In Greek mythology Argus was a giant prince with one hundred eyes on his body. Fifty of his eyes remained constantly open to watch over Io, Zeus's lover, of whom Hera, Zeus's wife, was jealous.

Mais je crains seulement d'être venu trop tard
Ou bien que ce parjure ait pris une autre route.
Je crois que le voici. Je suis encore en doute
S'il passe son chemin ou s'il m'attend exprès.
Ergaste !

ERGASTE

Hé, cher ami, qui te pensait si près ?

NISE

Ne m'attendiez-vous pas selon l'heure ordonnée
De l'assignation que vous m'avez donnée ?

ERGASTE

Moi ?

NISE

Les discours ici ne sont que superflus.

ERGASTE

Je te jure la foi que je n'y pensais plus.

NISE

C'est ainsi que ce cœur ouvert et véritable,
Ce naturel si franc, cet homme si traitable,
Perdant le souvenir de ce qu'il a promis,
Fait vanité de rompre avecque ses amis.
Dépêchons.

ERGASTE

Si tu crois que je t'ai fait offense,
Je n'aurais pas raison de me mettre en défense.
Quoique je doute encore si je suis criminel,
Punis-moi, venge-toi, je m'estimerai tel.

NISE

Quoi ! Vous ne savez pas encore la nature
Ni comme on doit nommer l'action d'un parjure ?
Que vous méritez bien un double châtiment
Car qui flatte sa faute, il pèche doublement.
Se moquer d'un ami, lui manquer de parole,
Est-ce quelque action inutile et frivole ?

ERGASTE

Mais la beauté d'Iphis triomphe de ma foi.

NISE

Trêve de raillerie : ou meurs, ou défends-toi.

ERGASTE

Étant nuit comme il est et près de cette porte,
Au bruit que nous ferons, je crains que quelqu'un sorte
Et qu'ainsi ton courroux ne tire qu'à demi
La satisfaction que tu veux d'un ami.
Attendons à demain.

NISE

Votre cœur est de glace.
Il faut que l'un des deux demeure sur la place :
Le soleil ne veut pas, en éclairant sur nous,
Honorer le trépas d'un trompeur comme vous.

Ils se battent.

Scène 5

Mérinte, Ligde, Téleste, Ergaste, Nise

MÉRINTE

Courons, j'entends du bruit.

LIGDE

Quelle triste nouvelle !
Il fallait bien songer qu'ils avaient eu querelle.

TÉLESTE

Qui se fût défié d'un si soudain départ ?

LIGDE

Ils sont bien animés de se battre si tard.

ERGASTE

Au moins, je me défends.

MÉRINTE *au milieu d'eux*

Au secours ! On se tue !
Ah, mon frère ! Ha trompeur ! En vain je m'évertue.

ERGASTE

Madame, vous pensez que je sois l'agresseur.

MÉRINTE

Traître ! Épargne le frère et fais mourir la sœur.

TÉLESTE

Approchons-nous un peu : j'entends crier Mérinte.
J'ai peur qu'en ce tumulte, un coup ne l'ait atteinte.
Quelle rage vous meut, enfants, et qu'est-ce ci ?[51]
Faut-il que deux amis s'entr'égorgent ainsi ?
Vous voilà satisfaits. Remettez vos épées :
Qu'à de plus beaux exploits elles soient occupées.
Ce n'est là qu'imiter ces esprits insensés
Qui se battent pour rien. N'êtes-vous point blessés ?
C'est tout ce que j'en crains.

ERGASTE

Votre peur est bien vraie,
Hélas, je suis atteint d'une incurable plaie !

LIGDE

Ô dieux ! Est-il possible ? Ha malheureux dessein !
Qu'on aille vitement quérir le médecin.

51. That is, "et qu'est-ce que ceci ?"

MÉRINTE

Ce traître est-il blessé ? Soyons-lui secourables.
Il faut aux ennemis se montrer charitables.

ERGASTE

Merveille des beautés, employez mieux le soin
Dont votre charité veut m'aider au besoin.
Et vous, sages vieillards, dont la prudence antique
M'offre une aide inutile au tourment qui me pique,
Ne vous efforcez point de me vouloir guérir
Puisque je ne peux vivre et que je veux mourir.
Votre secours est vain au mal qui me possède :
Ma blessure est au cœur ; Iphis est mon remède.

MÉRINTE

L'on peut facilement juger à son discours
Qu'il n'est jamais content s'il ne trompe toujours.

LIGDE

Le coup n'est pas mortel.

TÉLESTE

Quelle étrange manie !
Son pauvre esprit en souffre une peine infinie.
Il faut le contenter par quelque invention.
Ergaste, agréez-vous cette condition ?

ERGASTE

Quelle ?

TÉLESTE

Au cas que l'objet du feu qui vous consomme
N'ait les perfections qui composent un homme
Et tout ce qu'une femme exige d'un époux,
Nous vous jurons la foi que ce sera pour vous.
Ma fille n'en aura ni déplaisir ni blâme
Puisqu'Iphis étant fille, elle n'est point sa femme.
Mais si cela n'est pas, promettez-nous aussi
Que vous épouserez Mérinte que voici.

ERGASTE

Oui, je vous en veux faire une sainte promesse,
Trop heureux en ce cas de l'avoir pour maîtresse.

NISE

Et si cela se fait, je veux dorénavant
Que nous soyons ensemble amis comme devant.[52]
C'est l'unique moyen d'étouffer nos querelles.

LIGDE

Dès demain l'épousée en dira des nouvelles
Et si sa voix ne dit qu'Iphis est un garçon,
Nous le pourrons savoir par une autre façon.

52. That is, "comme avant."

ERGASTE

Je n'attendais pas mieux. Que mon âme est ravie !
Un discours si charmant me redonne la vie
Et l'excès du plaisir tient mes sens occupés.
Qu'on en[53] verra demain qui seront détrompés !
Enfin le sort me rit et l'amour me caresse :
Je conserve un ami sans perdre une maîtresse.
Adieu, j'ai rencontré le but de mon désir.

TÉLESTE

L'étrange compliment ! Nous aurons le plaisir
De voir dans les vapeurs dont son âme est remplie
Jusqu'où se portera l'excès de sa folie.
Et si demain Iphis ne lui rend son bon sens,
Il se doit assurer qu'il en tient pour longtemps.[54]

53. The pronoun "en" refers to "gens": "comme on verra les gens demain qui seront détrompés !"

54. "Qu'il est certain que sa folie lui durera longtemps."

Acte 5

Scène première

IANTE *seule*

Dieux, qui s'en fût douté ! Que cette tromperie,
Pour s'abuser soi-même, est pleine d'industrie !
Qui vit jamais au monde un prodige pareil ?
Pour moi je l'attribue aux effets du sommeil.
Et dans l'incertitude où mon esprit se plonge,
Un semblable incident me passe pour un songe.
Triste nuit, dont la course a duré si longtemps,
Que tu m'as révélé des secrets importants !
Quelle condition est semblable à la nôtre :
Une fille, grands dieux, en épouser une autre !
C'est bien pour attirer le céleste courroux
Et pour faire parler les théâtres de nous.
Une telle rencontre est digne qu'on la joue.
Cette crainte m'afflige ; il faut que je l'avoue.
Ce mariage est doux ; j'y trouve assez d'appâts
Et si l'on n'en riait, je ne m'en plaindrais pas.
Je n'aurais pas regret qu'on nous joignît ensemble

Si l'on ne profanait le nœud qui nous assemble,
Et si nos bons parents n'abusaient à leur gré
De cet hymen qu'on tient si saint et si sacré.
Si la fille[55] épousait une fille comme elle
Sans offenser le ciel et la loi naturelle,
Mon cœur assurément n'en serait point fâché.
Je me contenterais de n'avoir pas péché.
Mais puisque la nature et le ciel même ordonne
Que la foi d'une fille à des hommes se donne
Et que c'est seulement un homme qui l'obtient,
Iphis ne l'étant pas, c'est où le mal me tient.
Mais que je vais souffrir une guerre importune
De ceux qui sont contents de ma triste fortune
Et qui, ne jugeant rien que par l'extérieur,
Connaissent assez mal ce que j'ai dans le cœur.

Scène 2

Ligde, Téleste, Iante

LIGDE

Vous lever si matin en ce nouveau ménage,
C'est l'heure des beautés qui sont dans le veuvage.
Vous deviez prolonger une si douce nuit
Pour jouir plus longtemps du bien qu'elle produit.
Il est vrai qu'en tout temps l'on goûte ces délices

55. "La fille" refers to young women as a category rather than to a specific person.

Et l'Hymen[56] en tout temps reçoit des sacrifices.
L'Amour, joint à ce dieu, se rend tout solennel
Et ne se cache plus n'étant plus criminel.
Il éteint et fait voir une flamme allumée
Dont il n'osait devant faire voir la fumée.
Il aime la clarté, le jour lui semble beau,
Et n'ayant plus de honte, il n'a plus de bandeau.
Ce n'est plus un péché, ce n'est plus une offense :
Un mariage saint donne toute licence.

TÉLESTE

Mais vous ne dites pas que les larcins d'amour,
Voulant être secrets, sont ennemis du jour.

LIGDE

Votre fille en rougit et son esprit modeste
Reconnaît sa pensée au discours de Téleste.

TÉLESTE

Ma fille, il faut souffrir tous ces petits brocards
Et n'en point abaisser de honte vos regards.
Ne vous en fâchez point : c'est le conte ordinaire.
Il vous fait le discours qu'on fit à votre mère.
Endurez-le comme elle en pareille saison
Puisque vous n'êtes pas de meilleure maison.
Et si[57] ce n'est pas tout : au bonheur qui vous flatte

56. Hymen is the god of marriage in Greek mythology.
57. "Aussi."

Il faut, si vous pouvez, n'en être pas ingrate.
Votre bonne fortune est sans aucun défaut ;
Votre contentement a tout ce qu'il lui faut.
Vos vœux sont accomplis, vous êtes bien contente,
Vous avez un mari conforme à votre attente :
Jeune, riche, bien fait.

LIGDE

Vous vous moquez de lui.

TÉLESTE

Il est votre support, votre aide, votre appui.
Vous l'aimez, il vous aime, et pour vous il soupire.
En un mot, votre cœur a tout ce qu'il désire
Et vous êtes heureuse en un point si parfait
Qu'il ne vous reste pas de quoi faire un souhait.
Le ciel vous fait des biens qu'il ne fait à personne :
Au moins reconnaissez la main qui vous les donne.
Aimez votre fortune et marchez sur ses pas,
Mais que l'aveugle[58] aussi ne vous aveugle pas :
Votre bonheur est grand, il ne se peut comprendre,
Mais qui vous l'a donné, vous le peut faire rendre.
Votre époux est un bien qui vous peut être ôté
Avec autant de pleurs qu'il vous en a coûté.
Les dieux en ont ravi d'aussi beaux que le vôtre :

58. The word *aveugle* refers to "votre fortune" (line 71). It evokes the Roman goddess Fortuna and the unpredictability of one's fate.

Ils donnent d'une main et reprennent de l'autre
Et jamais leurs faveurs, quoiqu'on puisse tenir,
N'obligent un ingrat que pour le mieux punir.
Donnez à leurs bienfaits quelque reconnaissance
Et faites du profit de cette remontrance.[59]

IANTE

Que le ciel me soit doux, qu'il me soit rigoureux,
Mon âme a bien raison de lui faire des vœux.
C'est aussi le sujet qui me conduit au temple.

LIGDE

Votre dévotion nous va servir d'exemple
Et nous vous allons suivre où nous avions dessein,
Et votre père et moi, de vous prêter la main.

Scène 3

IPHIS *seule*

À la fin, il te faut consentir à ta perte :
Ton sexe est reconnu, ta honte est découverte.
Déplorable jouet du ciel et des mortels,
Il n'est, il n'est plus temps d'embrasser les autels.
Que n'ai-je mérité ? J'ai rendu malheureuse
La beauté qui jamais ne me fut rigoureuse.
J'ai trahi cette belle et fait ce lâche tour

59. "Et profitez de mes conseils, de cette leçon."

À celle qui tâchait de payer mon amour.
Je la rends misérable et mon âme traîtresse
Abuse[60] insolemment de sa belle jeunesse.
Enfin, j'en ai plus fait que je n'en puis conter
Sous l'espoir d'un plaisir que je n'ai su goûter.
Ha souvenir ! Mais quoi, serait-il raisonnable
Que j'eusse un tel bonheur, quand j'en serais capable ?
Moi, qui ne vis jamais changer le triste cours
Du funeste ascendant qui préside à mes jours ?
Moi, qui devais mourir avant que d'être née
Puisque c'était le sort où j'étais destinée,
Puisque les dieux voulaient que ce fût un moment
Qui distinguât ma fin de mon commencement,
Et que même l'auteur de ma funeste vie
Ordonnait qu'en naissant elle me fût ravie.
Ma mère me donna des habits superflus
Et s'il m'eût pu connaître, Iphis ne serait plus :
Mon sexe eût étouffé l'amitié paternelle,
Mon sexe qui déjà me rendait criminelle.
Heureuse si la Parque eût terminé mes jours
Au point infortuné qu'ils commençaient leur cours !

---

60. Here, Benserade uses the term *abuser* ("to trick"). But the term also refers to the danger of the phallic figure of the lesbian in social and medical discourses of the time. For instance, in *Traité des Hermaphrodites* (Paris, 1612), Jacques Duval writes, "[L]es femmes qui en sont bien munies en peuvent abuser les filles, leur donnant telle délectation que ferait un homme" ("[T]he women who are well-endowed can abuse girls, giving them the same pleasure as a man"; 68; our trans.). The term *abuser* reflects a fear of the lesbian's phallic potential.

Je n'aurais pas l'honneur de brûler pour Iante,
Mais si je fusse morte, elle serait contente.
Je ne deviendrais pas la cause de ses pleurs,
Elle serait heureuse, et moi loin des malheurs.
Il faut trouver la mort ; pourrais-je vivre encore
Après avoir trompé le bel œil que j'adore ?
Aussi, qui me sauva d'un châtiment si cher
Que je devais souffrir devant que de pécher ?
Qui, jusqu'ici, retarde une peine ordonnée
Où, devant que de naitre, on m'avait condamnée ?[61]
Ce n'est pas le destin ; la fortune et le sort
Sont trop mes ennemis pour l'être de ma mort,
Ni mon père : il pria celle qui me fit naître
Que je ne fusse plus même devant que d'être.
À qui t'en prendras-tu ? Qui cause que tu vis ?
Qui t'a fait cette injure, ô misérable Iphis !

Scène 4

Iphis, Télétuze

IPHIS *voyant sa mère*

Ha, c'est vous !

TÉLÉTUZE

Qu'ai-je fait ?

61. "À laquelle, avant de naître, on m'avait condamnée."

IPHIS

Dont la pitié cruelle,
Au lieu de me tuer, m'a rendue immortelle.
Me laisser vivre ainsi, c'était bien me trahir.
À force de m'aimer, vous me deviez haïr.
Le sort ne m'eût pas vu lui servir de trophée
Si même en m'embrassant vous m'eussiez étouffée.
Vous m'avez bien fait voir avec votre pitié
Que vous ne m'aimiez pas d'une extrême amitié.
Vous deviez, pour complaire à l'auteur de mon être,
M'empêcher d'être fille ou m'empêcher de naître.
Vous n'eussiez point failli ; la déplorable Iphis
N'était point votre enfant, n'étant pas votre fils.
Ligde attendait de vous ces efforts légitimes
Et ne l'ayant pas fait, vous avez fait deux crimes :
L'un de désobéir à son commandement
Et l'autre de m'avoir laissé vivre un moment.
Hélas ! Que mon berceau n'a-t-il servi de barque
Pour me faire passer le fleuve de la Parque ![62]

TÉLÉTUZE

Je l'avais bien prévu, je vous l'ai dit toujours,
Et vous avez fermé l'oreille à mes discours.
Mes avertissements ne vous ont point émue ;
C'est comme il vous en prend de ne m'avoir pas crue.

62. Refers to the river Styx, which represents the passage from life to death.

Si vous eussiez voulu parler ainsi que moi,
Vous n'eussiez pas si tôt engagé votre foi.
Votre âme eût étouffé ses flammes imparfaites
Et vous ne seriez pas en la peine où vous êtes
Si ma prudence eût su vous gouverner un peu,
Mais vous n'avez voulu croire que votre feu.
Aujourd'hui les enfants pensent être si sages
Qu'un salutaire avis offense leurs courages.
C'est un étrange cas, que dès leurs jeunes ans,
Ils veulent secouer le joug de leurs parents.
De mon temps la nature était bien mieux réglée :
On savait mieux conduire une enfance aveuglée.
Aussi n'étions-nous pas en ce siècle maudit
Où toutes les vertus ne sont plus en crédit.
Les enfants étaient bons et vivant dans la crainte,
Se menaient par douceur plutôt que par contrainte.
Si vous souffrez du mal, vous en avez le tort
Et ne méritez pas qu'on plaigne votre sort.
Vous avez tout gâté ; que faut-il que j'y fasse ?
Cette belle épousée a su votre disgrâce :
Il n'en faut pas douter et c'est ce qui vous perd.

IPHIS

Ce que le jour cachait, la nuit l'a découvert.
Nous eussions bien voulu contenter notre envie
Et je ne fus jamais si triste et si ravie.
Son mécontentement me donnait du souci,

Mais la possession me ravissait aussi.
Et quoique mon ardeur nous fût fort inutile,
J'oubliais quelque temps que j'étais une fille.
Je ne reçus jamais tant de contentements :
Je me laissais aller à mes ravissements ;
D'un baiser, j'apaisais mes amoureuses fièvres
Et mon âme venait jusqu'au bord de mes lèvres.
Dans le doux sentiment de ces biens superflus,
J'oubliais celui même où j'aspirais le plus.
J'embrassais ce beau corps dont la blancheur extrême
M'excitait à lui faire une place en moi-même.
Je touchais, je baisais, j'avais le cœur content.

TÉLÉTUZE

Vous n'avez qu'à vous voir : vous en verrez autant.
L'on n'a jamais parlé d'une amour de la sorte.
Qu'elle fait sur vos sens une impression forte !
Encore qu'a-t-elle dit lorsqu'elle a reconnu
Qu'un garçon comme vous est fille étant tout nu ?

IPHIS

Hélas, qu'eût-elle dit ! Elle était occupée
À se plaindre tout bas d'avoir été trompée,
Et son cœur me disait par de secrets soupirs
Qu'il ne rencontrait pas le but de ses désirs.
Je lui baise le sein, je pâme sur sa bouche,
Mais elle s'en émeut aussi peu qu'une souche

Et reçoit de ma part comme d'un importun
Mille de mes baisers sans m'en rendre pas un.
Le jour vient. Je la vois qui se lève et s'habille,
Honteuse de se voir la femme d'une fille.
Je fais aussi comme elle et prends mes vêtements.
Ses larmes sur les siens tombent à tous moments.

TÉLÉTUZE

L'état de cette fille est vraiment pitoyable
Et je souffre pour elle une peine incroyable.
Mais tandis qu'elle avait le temps de s'habiller,
Quel était l'entretien ?

IPHIS

De ne nous point parler.

TÉLÉTUZE

C'est ce que mon esprit trouve le plus étrange.

IPHIS

Elle ne me dit mot et je lui rends son change.
Nous gardons le silence et nos yeux quelquefois
D'un regard mutuel font ce que fait la voix.
Nous ne discourons point, mais n'ayant pas son compte,
Elle fait de dépit ce que je fais de honte.
Ha, qu'elle a bien raison ! Et que j'ai de regret
Qu'elle soit malheureuse aux dépens d'un secret !
Je vais la contenter en m'arrachant la vie

Si votre bon conseil ne m'en ôte l'envie.
Aussi bien n'ai-je plus d'espoir ni de plaisir :
Je souhaite la mort et c'est mon seul désir.

TÉLÉTUZE
Folle ! Vous moquez-vous ? Est-ce là le remède
Que l'on doit appliquer au mal qui vous possède ?
Est-ce là conserver le support que j'attends ?
Vous me feriez mourir d'y songer plus longtemps.
Que pourrai-je avancer, quelque soin que j'emploie ?
Mon Dieu ! Que les enfants nous donnent peu de joie.
Suivez-moi vite au temple au lieu de discourir :
Il n'est plus temps de feindre, il faut tout découvrir.

Scène 5

Téleste, Iante, Ligde, Ergaste, Nise, Mérinte, au temple

TÉLESTE
C'est ici que le ciel, qui nous est si propice,
Veut avoir de nos cœurs des vœux en sacrifice.

IANTE *tout bas*
Quoique je fasse aller les miens fort lâchement,
Son bienfait vaudra moins que mon remerciement.

LIGDE
Que nous sommes tenus à sa bonté suprême
De nous avoir comblés d'une faveur extrême.

Les plus heureux mortels ne la[63] méritaient pas ;
Plus il nous fait de biens, plus il se fait d'ingrats.
Mais je suis bien trompé si je ne vois ma femme
Et ce nouveau mari qui pour vous n'est que flamme.

NISE

Ce sont eux.

MÉRINTE

Je pensais qu'ils vinssent jusqu'à nous,
Mais leur dévotion les fait mettre à genoux.

ERGASTE

Ce n'est pas sans sujet et leurs tristes visages,
De ce que j'ai tant dit, sont de clairs témoignages.
Vous allez reconnaître, à ce que je prévois,
Que ceux qui m'ont cru fou le sont bien plus que moi.

Scène dernière

Télétuze, Ligde, Téleste, Iphis, Iante, Ergaste, Nise, Mérinte, Isis

TÉLÉTUZE

Joignez, ma fille Iphis...

LIGDE

Sa fille ?

63. "L'a" in the original.

TÉLÉTUZE *poursuit*

À ma prière,
Un zèle tout ardent, une ferveur entière.
Espoir des affligés, notre commun recours,
Déesse à qui nos vœux s'adressent tous les jours,
Si jamais la pitié fléchit votre courage,
Soyez propice aux cœurs qui vous rendent hommage
Et qui d'une ferveur que n'ont point les mortels,
Pour implorer votre aide, embrassent vos autels.
Rendez par quelque effet la douleur soulagée
D'une fille en garçon, d'une mère affligée.
Par vous tous mes désirs ont été satisfaits ;
Iphis, devant que d'être,[64] en reçut des effets.
Vos soins ont protégé son innocente vie
Lorsqu'un père ordonnait qu'elle lui fût ravie.
Vous me vîtes en songe et ne voulûtes pas
Que la main d'une mère avançât son trépas.

ERGASTE

Écoutez.

TÉLESTE

Ce discours me met en défiance
Et je ne saurais plus tenir ma patience.
Quoi donc ! Mon gendre est fille ?

64. "Avant de naître."

ERGASTE

Hé bien, suis-je insensé ?

MÉRINTE

Que je suis malheureuse ! Hé dieux ! Qui l'eût pensé ?

ERGASTE *à Mérinte*

Je ne suis point à vous.

MÉRINTE

J'aurais tort d'y prétendre,
Mais moi je suis à vous ; rien ne m'en peut défendre.

NISE

Dieux, la belle constance !

LIGDE

Ô vieillard malheureux !
Qu'à la fin de tes jours le sort t'est rigoureux !
Hélas ! Il m'en souvient et j'ai peine à me croire
Le détestable auteur d'une action si noire.
Je priai Télétuze au point de mettre au jour
Le précieux effet de notre saint amour
De ne point endurer, si c'était une fille,
Qu'un fardeau si pesant chargeât notre famille
Et je lui commandai d'une horrible façon
D'étouffer notre enfant s'il n'était un garçon.
Son discours a remis dans ma triste pensée

L'image d'un forfait que j'avais effacée.
O ciel ! Ô justes dieux ! Ô sang ! Ô piété !
Êtes-vous les témoins de ma brutalité !

TÉLÉTUZE *à Ligde*

Votre commandement suscita dans mon âme
Un grand combat des noms, et de mère, et de femme.
J'aimais trop le premier pour le vouloir trahir
Et c'était au second qu'il fallait obéir.
Enfin, malgré mon cœur, l'amour que je vous porte
Presque insensiblement devenait la plus forte
Quand la bonne déesse en songe me vint voir
Et remit mon courage aux termes du devoir.
Je la vis dans l'éclat dont sa grâce est pourvue
Et ses grandes clartés éblouissaient ma vue.
Elle me dit ces mots, il m'en souvient toujours :
« Épargne ton enfant, je lui promets secours ».
Depuis, j'eus plus d'horreur de perdre une innocente,
Je deviens plus pieuse et moins obéissante.
Et de là, vous pouvez juger ce que je fis.

LIGDE

Vous fîtes un garçon de notre fille Iphis ?

TÉLÉTUZE

Télétuze, en effet, vous voyant cruel père,
Vous fut mauvaise femme et lui fut bonne mère.
Mon courroux devait être un peu plus animé

Pour éteindre un flambeau que j'avais allumé.
Enfin, pour oser vivre, elle fut déguisée.
Votre injuste colère en fut toute apaisée
Et votre esprit sembla montrer évidemment
Qu'il n'était ennemi que de son vêtement.

LIGDE

Oui, mais d'où vient qu'Ergaste a su tout ce mystère
Que depuis si longtemps vous m'avez voulu taire ?

TÉLÉTUZE

Sa sœur de ma voix même en apprit le secret.
Et jugeant que le frère était assez discret,
Je lui fis aussi part de cette confidence
Afin qu'il pût m'aider à rompre l'alliance
Dont, sans connaître Iphis, vous désiriez l'accord,
Et pour rendre en cela notre parti plus fort.
Depuis, il s'y porta de toute son adresse
Et n'aima plus Iphis que comme sa maîtresse
Au lieu qu'il ne l'aimait[65] qu'en qualité d'ami.
Mais il ne lui parla de son feu qu'à demi :
Le secret n'a sorti de sa bouche muette
Qu'au jour qu'il a vu faire une noce imparfaite
Et qu'il s'est vu ravir la cause de son feu.
Et puis, il ne l'a fait que dessous mon aveu.[66]

65. That is, "Au lieu de ne l'aimer qu'en qualité d'ami."
66. That is, "il ne l'a fait qu'avec mon consentement."

TÉLESTE

Voilà bien raisonner pour dire, au bout du compte,
Que nous ayant trompés, vous n'en aurez point honte.
Vos avis devaient être un peu plus diligents :
Ce n'est pas comme on traite avec d'honnêtes gens
Et c'est faire à ma fille un trop sensible outrage.
Je vais tout de ce pas rompre le mariage.
Je ne me plaindrai pas quand j'aurai fait un choix
Si l'on dupe ma fille une seconde fois.

IPHIS

Non, non ! Que mon trépas rompe cet hyménée !
Mourons devant l'autel où je suis amenée !
Le destin ne m'a point été si rigoureux
Qu'il m'ait voulu ravir l'espoir des malheureux.
Meurs, Iphis, quoique tard, deviens obéissante,
Satisfais à ton père et venge ton amante !
Beauté dont une fille adore les appâts,
D'un seul de vos regards honorez mon trépas.
J'ai trompé ces beaux yeux dont je suis la victime,
Aussi, qui jugerait ma mort illégitime ?
Je vais de cette main recevoir justement
La peine du péché qu'a fait mon vêtement.
Je ne me punis pas de vous avoir aimée,
Car je n'ai point péché si vous m'avez charmée,
Mais d'avoir abusé de l'amour et de vous
Sous le titre menteur d'un véritable époux.

Que d'un dernier baiser ma douleur s'adoucisse !
Rendez à mes désirs ce pitoyable office,
Que je goûte en mourant un bien si précieux
Afin que le trépas me soit moins odieux.
Vivez heureuse. Adieu ! Si ce moment funeste
Vous ôte une moitié, conservez bien le reste
Pour en récompenser la constance et la foi
D'un amant plus aimable et plus parfait que moi.
Puisqu'il faut aussi bien qu'à d'autres je vous cède,
Ce poignard, le seul bien qu'à présent je possède,
Vous va faire connaître, en me privant du jour,
Qu'Iphis a du courage autant que de l'amour.

TÉLÉTUZE *voulant l'empêcher*

Au secours !

ERGASTE *lui retenant le bras*

Ah mon cœur ! Ne fais pas cette faute !
Conserve chèrement ce que ton bel œil m'ôte !

IPHIS

Que sert de m'empêcher ? Tous vos efforts sont vains
Et mon âme peut bien s'échapper de vos mains.

TÉLESTE *il se fait un grand bruit*

D'où provient ce grand bruit ? Je pense que la foudre,
Pour punir nos péchés, va tout réduire en poudre.
La terre se va fendre et dans ses tremblements

Le temple n'est pas sûr dessus ses fondements.[67]
Tout l'autel en gémit, l'idole même sue.

LIGDE
Dieux ! Je crains moins ce bruit que je n'en crains l'issue.

LA DÉESSE ISIS *elle paraît en l'air*
Iphis, vos vœux secrets ne sont pas impuissants
Et je n'ai pas perdu l'odeur de vos encens.
Je vous veux obliger dans l'ardeur qui vous presse
Et le fais par pitié plutôt que par promesse.
Et toi, père inhumain, au lieu de te punir,
Écoute le bonheur qui te doit avenir :
Je veux selon ton gré composer ta famille
Et tu ne seras plus le père d'une fille.
Son changement soudain va t'ôter de soupçon.
Iphis fut une fille ; Iphis est un garçon
Qui ne rétractant point la foi qu'il a donnée
Pourra dorénavant consommer l'hyménée.

IPHIS *métamorphosée*
Miracle ! Je suis homme ! Une mâle vigueur
Rend mes membres plus forts aussi bien que mon cœur.
Mon corps devient robuste en un sexe contraire
Et je marche d'un pas plus grand qu'à l'ordinaire.
Vénus, qui toute seule occupait mes regards,

67. That is, "Le temple n'est pas stable sur ses fondements."

Se resserre en mes yeux pour faire place à Mars.
Ni ma peau, ni ma voix n'est plus si délicate
Et c'est d'un ton plus fort que ma parole éclate.
Mon sein, que je cachais, est devenu tout plat
Et je crois que mon teint n'a plus son vif éclat.
C'en est fait. Rendons grâces à la bonne déesse
Qui me fait ressentir l'effet de sa promesse.

ERGASTE

Pour moi, je n'en crois rien.

TÉLÉTUZE

Est-il vrai, chère Iphis,
Que je sois la première à te nommer mon fils ?
Bons dieux ! S'il est ainsi, que mon âme est ravie !
Que ta métamorphose allongera ma vie !
Ha ! Je me doutais bien que nous serions heureux
Et que la sainte Isis écouterait nos vœux.
Ce bruit ne m'était point un présage funeste.

TÉLESTE

Ligde, qu'en croyez-vous ?

LIGDE

Qu'en pensez-vous, Téleste ?

IPHIS *à Iante*

Consolons-nous, mon cœur, nos pleurs sont superflus :

J'étais fille naguère et je ne la suis plus.
Nous allons commencer une vie amoureuse.
Enfin je suis garçon et vous êtes heureuse.
C'est aujourd'hui qu'Amour apaise ses rigueurs
Et ce n'est qu'aujourd'hui qu'hymen unit nos cœurs.
Nous devons souhaiter la fin de la lumière
Et la seconde nuit doit être la première.

IANTE

Si les dieux en ton sexe ont fait ce changement,
Je dois participer à ton contentement.

LIGDE

Les dieux en soient loués s'ils m'ont fait tant de grâce !
Quelque soupçon léger dans mon âme repasse,
Mais quoique mon esprit doute de ces discours,
Je n'ai qu'à croire encor' ce que j'ai cru toujours.

MÉRINTE *à Ergaste*

Quoi donc ! Je recevrai cette honteuse injure ?
Pour la seconde fois je te verrai parjure,
Ennemi de mes vœux, qui jurais devant tous
Qu'Iphis étant garçon, tu serais mon époux !

TÉLESTE

Ergaste, épousez-la selon votre promesse
Sans qu'elle ait le loisir d'être votre maîtresse.

ERGASTE

Puisqu'Amour a changé l'objet de mon souci,
Si Mérinte me veut, je la[68] veux bien aussi.

MÉRINTE

Si Mérinte vous veut ? Doux objet de ma vie !
Hélas ! Ne doutez pas qu'elle n'en soit ravie !

NISE

Nous devons avouer que les dieux sont bien forts
Au double changement d'un esprit et d'un corps.

TÉLESTE

Ainsi, les immortels changent l'ordre des choses.
Ils ont bien fait jadis d'autres métamorphoses ;
Il n'est rien d'impossible à leur divin vouloir.
Dans un si grand miracle adorons leur pouvoir.
Admirons en ceci la sagesse profonde
Et les ressorts qu'ils ont à gouverner le monde,
Et pensons qu'en effet, et nous, et ces amants,
Tenons d'eux le sujet de nos contentements,
Et que si le destin roulait à l'aventure,
Ils n'entreprendraient pas de forcer la nature.

IPHIS

Vous le devez bien croire ; après tant de bienfaits

68. "L'a" in the original.

Dont leur main libérale a comblé nos souhaits,
Avouer qu'on tient d'eux ce qu'ils peuvent reprendre,
C'est le moindre devoir que l'on leur puisse rendre.
Au reste, si l'excès de ma félicité
Laisse dans vos esprits de l'incrédulité,
Si vous ne jugez pas mes discours véritables,
Je vous en ferai voir des effets bien palpables
Et ma chère moitié d'une bonne façon
Prouvera dans neuf mois qu'Iphis est un garçon.

FIN

About the Editors

Marianne Legault is associate professor of French and teaches seventeenth- and eighteenth-century literature at the University of British Columbia, Okanagan. She has published on Isaac de Benserade, representations of female intimacies in early modern French literature, and seventeenth-century women's fairy tales.

Ramine Adl is associate professor of French at the University of British Columbia, Okanagan, where he teaches French language and literature. He previously collaborated with Marianne Legault in producing *Female Intimacies in Seventeenth-Century French Literature* (2012), the English translation of *Narrations déviantes: L'intimité entre femmes dans l'imaginaire français du dix-septième siècle* (2008).